文春文庫

棚からつぶ貝

イモトアヤコ

文藝春秋

棚からつぶ貝◉目次

棚からつぶ貝

一生ついていこうと心に誓った人

仕事を始めて早10年。それほど数は多くないものの、いわゆる芸能人と呼ばれる方と交流する機会が増えた。しかし最初の頃は、親しい芸能人の方は皆無であった。そりゃそうだ、今よりも海外で過ごす時間が長く、ほぼ3分の2は異国、しかも僻地の私にとって、日本の芸能界の方など遠すぎる存在だ。正直まだアマゾンのターザンの方が近い存在であった。

そんな特殊すぎる私の芸能生活において、初めてプライベートで親交を持ったのがいとうあさこさんである。前々からなんとなく名前の雰囲気、顔の雰囲気に親近感を抱き、将来の自分の姿を重ねていた。そう思うのは私だけではないらしく、あさこさんも、私が24時間マラソンを走った後、知らないおば様によく「マラソンお疲れ様でした」と声をかけられたと言っていた。

そんなあさこさんと、初めて一緒にロケをしてすぐさま意気投合。連絡先を交換し、ご飯に行きましたとさ。

めでたしめでたし、とはならなかった。

連絡先を交換したのまでは良かったが、なんせ初めての芸能人の先輩。

自分からどうお誘いしてよいか分からず、23歳のイモトはモジモジしていた。

そうこうしているうちになんと、とあるドッキリ番組で私があさこさんに仕掛けることになった。私がお酒好きのあさこさんを誘いサシで飲み、あさこさんからおもしろ名言を聞き出すというもの。要は騙すのだ。連絡先は知っているが、まだ一度もプライベートでは飲んだことのない先輩を騙すのだ。すごく良心がとがめた。なんでもっと早く誘っておかなかったんだろうと後悔の念に駆られた。

一発目がドッキリだなんて……。しかし仕事は仕事。仕掛け人としてはきっちり役目を果たさねばとあさこさんに連絡した。

「あさこさん!! もし良ければ今度一緒に飲みませんか?」

「いいね、もちろんだよ」

「お店はこちらで手配します!!」

焦りからなのか「！」を多用したのを覚えている。

無事に日程やお店も決まり（番組のスタッフさんが全てやってくれました）いざ当日。

いかにもドッキリ番組で出てきそうな個室の部屋……。

いたる所に隠されている小型カメラにマイク。脂汗ダラダラの後輩。そんな異常すぎる状況にあさこさんが気付くのも時間の問題ではなかろうか。

ただどんなに怪しかろうと、大好きなあさこさんとの初めての食事に変わりはない。

そうだ、たまたまカメラが回っているだけだと考え、あさこさんとの時間を盛大に楽しもうではないか。そう思うと一気に気持ちが楽になり、結果、聞きたいことを聞き、伝えたいことを言い、笑いあった。

サシ飲みも終盤。

ほぼドッキリの仕掛け人であることも忘れかけていたその時だった。

いきなり、壁に仕込んであったマイクの送信機が我々のテーブルに落ちてきたのだ。紛れもないマイクの形。あさこさんも仕事の現場で幾度となく見ていたマイク。あまりにも突然のことに、仕掛け人である私はただただ慌てふためきアワワ状態。完全にばれた。私だけでなく、裏でモニタリングしているスタッフさんも終わったと思ってるであろうその時。

あさこさんが平然とした様子でピンポンを押し、来た店員さんに「ここの部分が外れましたので直してもらえませんか」と言った。

あまりにもそれが自然だったため、その後何事もなかったかのように話題を戻し、話を続けた。

まさに神対応。

この瞬間、あたしゃこの方に一生ついていこうと心に誓ったのだ。しかもさらにあさこさんが凄いのは、未だにあれはお店の何かが外れたんだと言ってくれるところ。こういう方が本当の大人なんだなと思う。

これがあさこさんと私の初めてのご飯。後日の収録でドッキリだったと知ったあさこさん。あさこさんは冗談で「仕事だったから誘ったんかい」と笑い飛ばしてくれ、それ以来、仕事ではなく本当のプライベートでお世話になっている。

私の誕生日当日、3年連続で一緒に過ごしてくれるあさこさん。ペーパードライバーの私の練習の相手を命がけでしてくれるあさこさん。山登りロケの前後、素敵なお店に連れて行ってくれるあさこさん。汗ダラダラでお台場に一緒にポケモンGOをしに行ってくれるあさこさん。ポケモンのことをバケモンと言ってしまうあさこさん。すべてが愛おしいあさこさん。

中でも私が一番あさこさんのことを愛おしく感じたのは、以前『イッテQ！』のロケで冬のフィンランドに行った時のこと。その日、あさこさんは背中に火をつけられて自転車に乗り、そのまま海に飛びこむというロケを控えていた。それを待っているロケバス車内。

やけどしないようにビシャビシャのパーカとウェットスーツに身を包んだあさこさんが、車内の後部座席でシューシューと息を吐きながら、戦いに向け精神を統一していた。

その姿は、まさに日の丸を背負った侍の如し。しかし私は頭の中で「この人こんなに精神統一してるけど、結果、今から背中に火をつけられて自転車で極寒の海に飛びこむんだよな」と思ったらたまらなく可笑しく、たまらなく愛おしく感じた。

わたしはそんなあさこさんをたまらなく大好きで尊敬しております。

P.S. これを読んだあさこさん、きっと「おめぇまたそうやって私のこと小馬鹿にしてんだろう」と言ってくれるんだろうな。

後日談

先日ついに50歳を迎えられたあさこさん。
年々身体を張る機会が増えている気がします。腰や膝が痛くても、絶対に痛いと言わないあさこさん。我慢強さは良いところでもありますが、あさこっ子からするととても心配です。そして２０１９年の夏、本当に24時間マラソンお疲れ様でした。

キラキラした目のAD君とミャンマーの少年たち

何度か一緒にロケに行っているAD君が別の番組に異動することになった。

異動前の最後のロケの帰り、ロンドン・ヒースロー空港でその旨を伝えられた。みんなで美味しい中華を食べながら、AD君頑張れ！　と気持ちよく送り出そうとしていた。とてもよい時間。そこで終わっておけばよかった。

しかし無駄にバラエティ魂が刻まれた、とあるプロデューサーが突然、

「じゃあイモトさんに何でも欲しいもん買ってもらえ」

とニヤニヤしながら言い始めた。

内心なぬ！　とビクついたが、私も負けず嫌いなとこがある。プラス、言うてもADだしお値段的にもちょうどよい、何か面白みのあるものでもリクエストするだろうと心のなかで踏んだ。なもんで私も、

「そうよ、何でも言いな！　イモト舐めんじゃないよ」と豪語してしまった。

するとと純朴の塊みたいなＡＤ君がまっすぐな目で、

「じゃあ、お店ロケハンしてきます！」

と走り去った。

やべぇぞ本気だと思った時にはすでに遅し。唯一私にできることは、言い出しっぺのプロデューサーを全力で睨むことくらいだった。

20分後、高級ブランドの免税店が並ぶ空港内のロケハンを終えたＡＤ君が、息を切らしながら「第1希望と第2希望があります」と言った。

内心値段の差が気になったが、負けず嫌いな上にかっこつけの私は、「よし！　じゃあ第1希望見に行こう！」と立ち上がった。

超高級ステーショナリー店に入ると、純朴ＡＤ青年がまっすぐな目で、これです！とトートバッグを指差した。恐る恐るハウマッチと聞くと、純朴&全力で、

「9万円です！」

と言い放ったのだ。

間髪容れず「よし、第2希望行ってみよう！」とそそくさとお店を出た。

さっきまでの勢いは何処へやら。次のお店でAD君は、面白みはないがお値段的にはちょうどよいカードケースを指差した。安堵した私はそれをレジに持って行った。

そしてキラキラした目で「ありがとうございます！ 大事に使います」と言う純朴AD君に、「お願いだから、私が第1希望の値段聞いてひよったこと、言うんじゃないよ」と口止めをした。

ダサい、なんてダサいのだろう。

プレゼントを買うまではいいけど、その後の言動のまあダサいこと。なんだかなぁと自分にがっかりすると同時に、なんだろうこの〝懐か恥ずかしい〟感じ。

その時、目の前のキラキラした目の純朴AD君とミャンマーで出会ったある2人の少年が重なった。

ミャンマーは2年前、「金を作る村をレポートする」というロケで山奥の村を訪ねた。

その村は裕福とは言えず、村のみんなで金を作り、なんとか生計を立てていた。おそらく日本人が来るのは初めてだったのだろう。興味津々で色々話しかけてくれた。

言葉は全く通じなかったけど、なんとなく言わんとしていることは分かったし、通じないぶんお互い分かろうとした。

中でも10歳くらいの少年２人と仲良くなり、ロケの合間に日本語を教えたりして遊んでいた。セーラー服に太い眉毛の女を怪しむことも疑うこともなく、絶品の笑顔で接してくれた。

ミャンマー人の国民性は、宝くじに当たった人の顔写真や住所を貼り出すことに表れている。日本でそんなことをした日にゃ大変なことになるだろう。ただミャンマーでは宝くじに当せんした人は前世で徳を積んだ方とされていて、身元が分かったからといって危ない目にあうことがないと言われている。

ロケが終わり帰ろうとしていたら、声がする。

振りむくと、サドルとブレーキがないボロボロの自転車の二人乗りが、坂道を猛スピードで下ってくるではないか。どう考えても危険であたふたしていると、そのまま岩にぶつかった。というより敢えてぶつけて止まった。

一か八かにもほどがある。

２人は派手に転び、大爆笑した。こちらも、心配しつつもつられて大爆笑していた。なんて豊かなこころの持ち主なんだと感心していると、２人の少年がキラキラした目で手を差し出してきた。その手にあったのはミャンマーのお菓子。しかも手元にある全部のお菓子。それを初めて会った日本人の私にくれるというのだ。

決して裕福ではないその村で、お菓子はきっと貴重なものだし、自分たちが一番食べたい年頃に違いないのに。しかも岩にぶつかり怪我をも顧みず、だ。

決して日本のように甘くはないビスケットとグミは、いつも食べているお菓子よりも何倍も何倍も美味しく感じた。

いたく感心した私は、お返しに日本から持ってきていたお菓子を渡そうとした。飴などが入っている袋を渡そうとしたその時だった。頭のなかに残りのロケの日数が浮かんだ。

あと2日ある。ということはお菓子を少し残しておいたほうがいいんじゃないか。食べたくなったらどうしよう。そう思ったらいてもたってもいられなくなり、袋から飴を少し抜いた。そして残りを少年に渡した。

最低だ。なんてちっちゃい人間なのだろう。ミャンマーの少年はおそらく全てのお菓子をくれたのに、私ときたら2日すらも我慢出来ずお菓子をケチるという有様。この時の自分にがっかりする感覚が、ヒースロー空港で純朴AD君を前に感じた〝懐か恥ずかしさ〟に重なったのだろう。

来世宝くじに当たることはまずないだろうと確信した。

後日談

コロナで海外に行けなくなった今、あの村の子たちはどうしているのだろうか。元気に暮らしているのだろうか。想うことしかできないけど、どうかあのキラキラした目で元気に暮らしていますように。ブレーキ付きの自転車に乗ってますように。

内田裕也から杖を奪った男

21歳で珍獣ハンターという職につき早10年。同時にそのほとんどを海外で過ごす生活になり早10年。そんな私は今年（2017年）31歳になった。

ほぼ全てがロケの予定で埋まる私の手帳で、たまにある休日。

私の行動はだいたい決まっている。歯医者に行きーの、皮膚科に行きーの、美容院に行きーの、脱毛に行きーの、整体に行きーの、洒落乙ネイルサロンに行きーの、というようにあらかた身体のメンテナンスといった具合だ。なかでも最近欠かさずに通っているのが、恵比寿のイケメン整体である。

本当に物凄い技術をお持ちの方なのだ。自称「内田裕也から杖を奪った男」らしい。べ、別にイケメンだから欠かさず行っているわけではない。

そもそもなぜ自称「内田裕也から〜」イケメン整体師と知り合ったのか。

それは去年の年末のことになる。初めて会ったのは「バビコン」だった。バビコンとは私の元相方であるフォーリンラブのバービーが開く合コンのこと。普段は初めまして飲み会など苦手であまり参加しないのだが、なぜかその時は諸々傷心中ということもあり勇気を出して行ってみたのだ。

そもそも合コンなんて人生で2回目。しかも10年ぶり。もしかしたら素敵な出会いがあるかも、なんてまんざらでもなく、普段は滅多に穿かないスカート風のキュロットを穿いたりなんてしちゃったりして。

要は完全に浮かれていたのだ。ちなみに女子メンバーは幹事のバービー、おかずクラブゆいP、リポーターの桃ちゃん、イモト。ゆいPもまんざらではなかったのだろう、パッツパツのレースのトップスで挑んでいた。

そしていざ合コンが始まると……相手のメンズは3人。うち2人は既婚者。おいおいどうなってんだ状態。しかもよくよく聞くと「えっ今日って合コンなんですか？」という始末。

挙句の果てに、

「うちの妻が大ファンでいつも見てます。今テレビ電話してもよいですか？」

素敵なメンズとの出会いどころか、初めましての奥さまと画面越しに「どうもどうもイモトです」と言っている自分を俯瞰しながら、「終了～はい次！」というナレーションが脳内で響いた。しかしそのメンズこそが自称「内田裕也から杖を奪った」恵比寿のイケメン整体師Mさんなのだ。

初めて会った瞬間から、Mさんは私のボディに釘付けだった。残念ながら整体師的に釘付けだった。そしてこう言い放った。

「今のイモトさんは本来持っているポテンシャルの数％しか出せてません。僕に任せてもらえれば、そのポテンシャルを１００％引き出します」と。

肩がどれだけズレているだの、登山が楽になるだの、もうガッツリ営業トークを始めた。

彼氏彼女はいるんですかとか、第一印象ゲームとか王様ゲームといった定番の合コンとはほど遠い空気感の中で、気が付きゃあたしゃ整体の予約を次の日に入れてしまったのだ。

翌日。きっかけがきっかけだったので少々疑いながら、恵比寿のとあるマンションの一室を訪ねると、真っ青な整体着を身に纏ったイケメンMさんが、最高クラスの爽やかな笑顔で迎えてくれた。すぐさま猜疑心はかなぐり捨てた。

施術が始まるとMさんはまず根本的な身体のしくみを説明してくれた。

とにかく骨や臓器などを正しい場所に戻してあげれば、色んな問題が解決するという。そしてすべての歪みやズレは足首から起こっている、と。

私はすみやかにMさんに自分の身体を任せることにした。足首から徐々に上がっていき、最後は顔の歪みを直して大体2時間。部分的に痛いところもあったが、よくテレビで見るような痛くてなんぼの激痛マッサージとは全く違う。

終わって、家までの道のりで効果を実感した。とにかく歩くのが楽なのである。歩くという行為があまりにも当たり前すぎて、それまで何も気にせず歩いてきたが、自分でもびっくりするくらい足を前に出すのが自然なのだ。これがMさんのいう私の本来のポテンシャルなのだろうか。

それからというもの、日本に帰国する度、ひと月に1回はMさんにお世話になっている。

実は、足繁く通う理由は、Mさんのマッサージの腕だけじゃない。

Mさんはすんばらしい都市伝説マニアなのである。奇しくも私も都市伝説好きということもあって、マッサージ中、もうMさんの都市伝説話が止まらない。あっとゆー間の2時間。

一度、あまりにも話が止まらなすぎて気が付きゃ3時間が経っていた。一部のお金持ちが世界を牛耳るしくみ、世の中の情報がいかに裏で操作されているか、世界の医療の裏事情、ロックフェラーの陰謀などなど、もうね、話が大きすぎてロマンさえ感じるのだ。一歩間違えば怪しい勧誘でもされそうだが、今のところその素振りはない。

さらに、私たちは未来の話をするのが好きなところも似ている。こうなったらいいなとか、こういうお家に住みたいなとか2人していつもニヤニヤ語っているのだ。

私は基本的にMさんの過去をあまり知らない。

ただ本人が1つだけ教えてくれた過去がある。それは、「僕は昔ホームレスでした」ということ。ある方と出会い、発起して今の仕事があり家族があると。謎は深まるばかりだが、これからもMさんにはお世話になるだろう。

P.S. 例のバビコン終わり、コンビ時代もほとんど揉めることがなかった幹事のバービーさんと久々に揉めたのは言うまでもない。

後日談

今もひと月からふた月に1回のペースで、体のメンテナンスに情報収集にとお世話になってます。

この3年の間にMさんかなり進化を遂げられ、施術もパワーアップしてるわ金髪になるわ海外でも活躍されるわで、会うたびに刺激と癒しをいただいています。最近でいうとMさんの影響で下駄生活始めました。

太陽のような女

２０１７年の夏、私は『ウチの夫は仕事ができない』というドラマにヒロインの友達役として、２度目の連続ドラマ出演をした。

その時お世話になったのが小田玲奈プロデューサーである。

昨今のテレビ業界では女性プロデューサーさんや女性監督さんなど、女性スタッフさんとお仕事する機会がすこぶる多い。そんななか、一際異彩を放っているのが小田Ｐなのだ。

一体何が凄いって、とにかくもう底抜けに明るいのだ。

どんなに朝早い現場でも、１００メートルくらい先から小田Ｐの「おはようございます！」という声が響きわたると寝ぼけ眼が一気に醒める。よく「あの人は太陽みたいな方だ」ということがあるが、まさにそれ。小田Ｐを見てると、なんだか以前アフリカで気球からサバンナを照らす朝日を見た時と同じ感覚になるのだ。

パッと見はとても小柄で、どこにそんなパワーが宿っているのだろうといつも驚かされる。ショートカットの髪型にファッショナブルな洋服で生田スタジオに来ては、出演者からの差し入れを物色。差し入れが見当たらないときは自販機で買えるカップ麺を啜る。その姿を見るだけでなんだかとても安心するのだ。俳優さんに対しても、主演だろうとベテランだろうと若手だろうと関係なくガンガン攻める。そしてみんなだんだんその感じが心地よくなり、小田Pの周りに集まってくる。

ドラマのスタジオ収録の場合、実際にセットがあるスタジオ、演者それぞれの楽屋の他に、前室というスタジオ直前に俳優さんやスタッフさんが待機する場所がある。ドラマ経験があまり多くない私は比べようがないのだが、共演した他の俳優さんからよく「こんなに前室にみんながいた現場は初めてだ」と聞く。もちろん共演者同士仲が良いのはあるが、やはり小田Pがいるからみんな前室に集まってくるのだと思う。

小田さんとお仕事するのは今回のドラマが初めてではない。1年前に出演した連続ドラマ『家売るオンナ』でもお世話になっている。

そして実は、それ以前まだ小田さんがバラエティでディレクターをやっていた時にも

『世界番付』という番組でお世話になっている。相当ご縁があると、『家売るオンナ』でがっつり小田さんと関わりお仕事をして思ったのだ。

ほぼ毎日撮影現場に足を運び、毎シーンどこかしら良いところを見つけては感想を言ってくれ、リハーサルを見て何か違うなと思ったらそっとアドバイスしてくれ、その場で伝えきれないことはその日のうちにメールをしてくれ。

少しでも多くの人に見てもらおうとSNSに血眼になり、自らいじられ役を買って出てはドツボにハマり……。とにもかくにも私はこんなにも心あるお仕事をされる小田さんが大好きなのだ。

中でも私が最も嬉しかった出来事は、『ウチの夫は仕事ができない』の第4話が完成した時のこと。4話は出番が多くラップバトルのシーンがあったりと、私としてはメインの回でもあった。その4話の放送前に、小田さんはこっそり私が仕事をする上で一番信頼している『イッテQ!』総合演出の古立さんに「ぜひ見てほしい。イモトさんも一番古立さんに見てほしいと思っている」とメールをしてくれていたのだ。

私はどこか『イッテQ!』の人にお芝居している姿を見られるのを恥ずかしく思っていて、そのくせ実は一番見てもらいたい存在なのだ。

そんな回りくどい私の気持ちを悟ったのか、小田さんは代わりに想いを伝えてくださった。後々そのメールのことが分かったのだが、それはそれは長い長い想いのつまったメールだった。人の気持ちを考えるだけでなく、すぐさまその先の行動に移せる、そんな小田さんの虜になってしまったのだ。

小田さんの虜になったのは私だけではない。

以前海外ロケでアフリカのマダガスカルに行った時のこと。コーディネーターさんは日本人男性のKさん。奥様はマダガスカルの方でお二人の間にはレイナちゃんという可愛らしい女の子が1人いた。ロケが終わり夕飯を食べながら、今までお仕事をした日本人テレビクルーの話になった。するとKさんが「数年前にドキュメンタリー番組で来られた小田さんという女性が本当に素晴らしくて、私も妻も彼女のことが大好きになり、この子が生まれたとき小田さんのような女性になってほしいという想いをこめてレイナという名前にしたんです」と。わたしゃ度肝を抜かれた。

自分の子供の名前にするとはもはや歴史上の人物レベルでっせ。何度もお互いの携帯にある小田さんの写真を見ながら間違いなく同一人物だと確認し、こんなことってあるのかと驚き興奮し、それと同時に心の底から嬉しく、なんだか誇らしい気持ちになった。

もはや小田さんの魅力は海を越え、遠いマダガスカルまで届いていたのだ。

P.S. ドラマが終わり、廊下の向こうから聞こえてくる小田さんのハイトーンハスキーボイスが聞けず、寂しい今日この頃です。

後日談

その後嬉しいことに『家売るオンナ』の続編でまたまたご一緒することができた。驚くべきなのは、凄まじいと思っていた行動力がさらにパワーアップしていたのだ。自分自身、即断即決すぐ行動を意識していたが、小田Pを見ると本当の意味での行動力を果てしなく感じる今日この頃です。

ウチの妹

先日、母校の小学校の創立50周年式典に卒業生としてサプライズ参加してきた。のはずだったが、そこは鳥取の田舎。なかなかお茶目な演出にお出迎えされ、結局生徒さんのほとんどに私が来ることはバレていた。

今回の記念式典はＰＴＡの皆さんが一丸となり企画されたもので、そのＰＴＡ役員のなかに何を隠そうウチの妹がいるのだ。年子の妹には現在３人の娘がいて、そのうち２人が今回参加した式典の小学校に通っている。

姉の私としては妹がＰＴＡにいること自体がなんだかとても不思議。

妹は紛れもなくお母さんで、すごく大人に感じた。妹とは年子ということもあり、小さい頃から何でも話せる親友のような存在だった。性格は全く違い、私は幼い頃から目立ちたがり屋でひょうきんで好奇心のおもむくままに行動していた。

対して妹は何事にも慎重で目立つのが大嫌い。デパートやお祭りや旅行に行くとそれは顕著に表れ、いつも迷子になりアナウンスされるのは私、妹は母の手を決して離さなかった。お小遣いやお年玉をもらっても私は思うがままに値段も見ずにレジに突き進み、妹はきちんと貯金をしていた。

とまあ、このように聞くと私の方がとても無鉄砲でロックな感じがするが、実のところ誰よりもロックなのは妹だと思っている。

とにかく妹はおとなしいがハッキリしているのだ。色んな誘惑やしがらみなど関係なく、自分が信じたもの、大切にしていることをハッキリと行動にできる超かっこいいオンナなのだ。

正直私はその場の空気や人の意見に流されることが多い。本当はこうしたいけど、今はあっちに合わせた方がいいのではと行動してしまうことが多々ある、かっこ悪いオンナである。

そしてそんな妹のロックでかっちょいい姿は、今回の記念式典でもいかんなく発揮された。

50周年式典ということで、ＰＴＡの皆さんは特別に記念Ｔシャツを作っていた。

先生、生徒、それに作ったPTA役員は式典中、（私が言うのもなんだが）けっしてスタイリッシュとは言えない水色のTシャツをほぼ全員着ていた。なんなら私もその場の雰囲気に押され、危うくセーラー服を脱ぎ捨てそのTシャツでサプライズしかけたくらいだ。

ステージに登場し、生徒さんや保護者の皆さんの有り難い歓声に嬉しく浸ってるその時だった。

一面オーシャンブルーのTシャツの中に、真っ白なニットを着た妹がいるではないか。紛れもなくウチの妹。海に浮かぶ真っ白な砂浜の如くそこには妹がいた。ロックだぜ！　かっこいいぜ！　それでこそウチの妹だぜ！

ステージから見た妹の姿は、私にはまさしくロックスターだった。

自分が着たいものを、ただ着る。PTAだろうが式典だろうが姉がサプライズ登場しようが関係ないというスタンス。やはり妹は何も変わっていない、昔から芯が通っていてハッキリしていて、だからこそ私は妹の言葉を一番信頼している。

私が大学入学で上京してから、初めて実家に帰省した夏休み。

誰にも言えなかった「東京で芸人になりたい」「テレビに出たい」「もうすでに勝手に

お笑いの養成所に申しこんだ」という思いと事実を、妹にだけは素直に話せた。妹はたいして驚くこともなく「いいんじゃない」と言ってくれた。

マンションを購入する時もほぼ誰にも相談しなかったのだが、妹にだけは話していた。「なんかお姉ちゃんは大丈夫な気がする」この妹の言葉のみを信じて、人生最大の買い物をした。

こんなにも姉は妹信者であるが、実は私が『イッテQ！』に出始めた頃、目立つのが大嫌いな妹は姉が芸人で珍獣ハンターであることをひた隠しにしていた。同級生などに「あの眉毛の太い人ってお姉ちゃんだよね？」と聞かれてもハッキリと「違う」と言っていた。姉としてはちょっぴり複雑な気持ちだったが、流石(さすが)はロックスター、ブレない姿勢に感心すらしていた。

そして、私が南米最高峰のアコンカグアという山を登った時のこと。標高6960メートルのてっぺんを目指し挑んだのだが、結果、あと100メートルのところで撤退した。登山では初めての撤退、山での悪天候やコンディションの悪さには誰も逆らうことはできないがあと一歩、正直死ぬほど悔しかった。その様子が放送されたあと、妹から1通のメールが来た。

「わたしはお姉ちゃんが自分のお姉ちゃんということを誇りに思う」

死ぬほど悔しかったのと同じくらい死ぬほど嬉しかった。

それ以降、妹は眉毛の太い姉の存在を隠すことはなくなった。心からアコンカグアに全力で挑んでよかったと思ったが、すぐさま、ただそこはロックな妹、今後もいつ何時またひた隠しにされるかもしれないと思うとその後の日々の仕事に精がでた。

うん、やはり妹にはどこかそういう存在でいてほしいのだ。

きっと今回の連載も目立つのが大嫌いな妹に言ったら怒られるのだろう。なのでダサい姉は、妹に気付かれるまではこのことは隠しておこうと思うのである。

後日談

結果、このエッセイは妹に読まれました。

「面白かったよ」というメールに安堵している姉です。

今も変わらず妹は私にとって最高の親友で、どんなに遠くに行ってもいつもの自分に帰ってこられるのはアンカーのような妹の存在のおかげです。

背中で見せる理想の上司

この連載を書いている今、2017年も終わりかけの師走である。

今年も本当にたくさんのことに挑戦させてもらい、たくさんの方に出会い、刺激だらけの贅沢な1年であった。

そして珍獣ハンターとしても『イッテQ!』に出始め丸10周年、『100カ国を突破した年でもあった。中でも一番思い出深いのが番組MCである内村（光良）さんといった屋久島&竹富島ロケである。

実は10年も番組をしていて、一度も2人でロケにいったことがなかったのだ。なもんで、行く前は私自身とてつもなく緊張した。

いつもスタジオ収録でお会いしてるとは言え、大大大大大先輩。いつも信じられないくらい温厚で優しい方とは言え大大大大大先輩。いつもトートバッグを持ち一瞬で街にとある陸上競技場でやった珍獣ハンターオーディション以来である。

そのときは沢山のピン芸人が集まり50メートル競走をし、1位になった者が珍獣ハンターの座を射止めるというロケであった。そこで私は1位になり、今現在も世界各国で様々な挑戦をしているわけだ。言うたらあのロケが今の私のすべての始まりなのである。だからこそ10年ぶりの内村さんとのロケ、気合が入り緊張しないわけがない。そんな自分の中だけの思いもスーツケースにしまい込み、いざ台風真っ只中の屋久島&竹富島へ。

するとどうでしょう、あんなに緊張していてロケがうまくできるかが心配だったのが、うそのように吹っ飛び、もう信じられないくらい楽しいのだ。カメラが回っているときも楽しい、回ってない何の変哲もない移動時間も楽しい、みんなで食べるお昼も美味しいし楽しい。たとえ暴風域でも楽しい。

なんだこれは……日本のロケだからか……いつもより人がたくさんいるからか……飛魚ラーメンがうまかったからか……それもあるけどいや違う。内村さんだ。

内村さんが作り出す空気感で、こんなにもみんながリラックスしていて楽しいのだ。なにか特別その場を仕切るでもなく、ボケ倒すでもなく、本当にその場にいて楽しげにニコニコしてらっしゃるのだ。その笑顔のまあ素敵なこと。だからこそみんな内村さんに笑ってもらいたいと頑張るのだ。

番組のみんな、演者さんもスタッフさんもその思いでVTRを作っているところはあると思う。それって凄いことだと思う。人にそう思ってもらい行動させるって凄まじいことだ。

それはやはり内村さん自身が行動で見せてくれる方だからだと思う。

よく口だけで何もしない上司がいると聞くが、内村さんは違う！　一切喋らないときもあるが、行動で、背中で見せてくれる説得力の塊なのだ。中でも印象深いのが2016年にやられた大車輪。

長期間に及ぶプロジェクトのために一から体作りをされ、練習に練習を重ね、結果最後の最後で成功されたのだ。もうあのときの感動たるや、その後に出るVTRが出川（哲朗）さんでもう勘弁してくれと嘆いていたほどだ。

そして内村さん、今回も魅せてくれた。

ロケ内容は「絶景トライアスロン」と題して、まず屋久島での縄文杉登山。これはどちらかというと私の得意分野なのだが、台風でコンディションがかなり悪かった。途中何人かスタッフさんは離脱したが内村さんは根性で最後まで登りきった。

その後は竹富島から沖に浮かぶ〝幻の島〟への5キロの遠泳。これが問題なのだ。なにが問題って恥ずかしながら私は泳ぎが大の苦手で、正直クロールで25メートルがやっとなのだ。メンバーは2人。ということは必然的に内村さんにとてつもない負担がかかる。しかし我らが内村さんは黙々とゴールに向かい泳がれる。もうその姿の格好いいことこの上なし。

一方、私はというと早々に諦め、シュノーケルはつけるわ最終的にはフィンを装着するわという、遠泳ではあるまじきズルをしてしまった。

どうにかこうにか背中で見せる理想の上司とフィンをつけたズルい女とで、ゴールが見えてきた。すると内村さんが、最後は一緒にいこうと私の横に来て並んで泳ぎ、もうすぐゴールというところで水中でスッと手を出してきたのだ。

その瞬間まさにヒィ？　である。壁ドン騒ぎではない。もう完全にただの女になっていた気がする。さりげない優しさに酔いしれながらゴール。

心の中で「惚れてまうやろ！」と突っ込みながら、こういう自然体で誰にでも優しくできるからこそ、みんな内村さんが大好きでついていきたくなるのだろうと思った。そして心から、芸能界という世界で最初にお会いしたのが内村さんというのは本当に幸せなことなんだなと感じた。

２０１７年大晦日。私は南極の山で過ごす予定なもんで我らが内村さん司会の紅白を生で見ることができませんが、世界の果てからその勇姿を応援したいと思います。

後日談

２０１７年の大晦日。ラスト紅白になった安室奈美恵さんが歌い終えた後、司会の内村さんが「イモトー安室ちゃんはやっぱりカッコ良かったぞ」と叫んでくださったのだ。

南極にいた私はもちろん生では見られなかったのだが、帰国してその映像を見ておいおい泣いた。いろんな感情が一緒くたになりおいおい泣いた。

素敵なじじい

２０１８年という年を私は南極で迎えた。

うーむ、こうやって文字にするとすごく簡単で、「鳥取」で迎えたくらいの気持ちで書けてしまうのが不思議である。

しかしなんと言っても「南極」である。行くだけでも相当な労力で、まずアメリカはダラス経由のチリの首都サンティアゴを経て、ようやくチリの南プンタ・アレナスという町に着く。そこから天候待ちが３日間、そしてロシアの軍用機で４時間かけてようやく南極大陸に上陸できるのだ。

しかもだ、今回の目的は南極大陸に行くだけではない。南極最高峰ヴィンソン・マシフを登るためなのだ。

正直、私自身、出てくる単語があまりにも日常とかけ離れ過ぎていて、ピンと来てないまま足を踏み入れた気がする。

ただ、そこは南極大陸。真っ白な氷の大地に今までに経験したことのない寒さ。こんなにも防寒具を着ているというのに、それをも突き破ってくるような冷たさなのだ。素手でいようものなら3分で耐えられなくなる。生命というものが一つも無いからこその美しさ。フワフワしていた気持ちが、目の前の圧倒的な自然のおかげで一気に吹っ飛んだ。誰もが気を引き締めて行こうと思った。

そんな中、ここに来ても尚、フワフワというかワクワク好奇心と冒険心に満ち溢れている少年がいる。山男・貫田宗男、御年67歳。

通称「天国じじい」。

私が番組で初めて山を登った時から一緒にサポートしてくださっている山男。「天国じじい」などというふざけたあだ名を喜んでつけられているが、エベレストにも2回登頂している山岳界では超有名人の凄い方なのだ。

そもそも「天国じじい」というあだ名はヒマラヤのマナスルという8000メートル峰を登った時につけられた。

標高約6000メートルでのテント泊。寒さや環境含め、私にとっては最悪で、1人テントの中でじっと耐えていた。すると隣の貫田さんのテントから「ここは最高だ、天国だ」と。一瞬、自分の耳を疑ったが間違いなく「地獄」ではなく「天国」だと言い張っていた。

わたしゃ正直、このじじいは一体何を言ってるんだ、正気なのか、と散々カメラの前で悪態をついた。そこから愛情を込めて「天国じじい」というあだ名がついた。

『イッテＱ！』登山部企画において貫田さんの存在は本当に大きい。演者「天国じじい」としての役割もあるが、そもそも登る山の登山許可、ポーターさんの手配、食料や機材の管理、その全ての指揮が貫田さんなのだ。ちょっとした旅行の手配でも大変なのに、海外の山に撮影でいくという最もヒイヒイすることをやってくださる。しかも凄いことに、楽しそうに。

普通だったら予定とは違う事態が発生したら焦るし、なるだけそうなってほしくないと思うだろう。しかし貫田さんは違う。予定調和が崩れれば崩れるほど楽しくワクワクしてくるらしい。

そういう時あきらかに「キタキタキター」という表情をしているのだ。その時の貫田宗男はまさに最強、ゾーンに入っているのだ。

天気予報や荷揚げのタイミングなど、その状況でのベストを叩き出す。

口癖は「Ｎｏ Ｐｒｏｂｌｅｍ」。

そう言って大抵の登山部のピンチは乗り越えられて来た。貫田さんを見ていると、こんな風に歳を重ねられたらどんなに素敵だろうとつくづく思う。

自分がワクワクすることを少年時代も今も変わらず出来ていて、いつも目がキラキラしている。大好きな飛行機やヘリコプターを見るとカメラが回っていようが釘付けになり、大好きなアイスクリームが目の前に現れるとダイエットは明日からと言って信じられないスピードで完食し、私がＶＩＯ脱毛の話をするとすぐさまメモり自分も行こうとしたり、66歳にしてまだはじめてのことはやっておきたいとバンジージャンプにトライし、「飛んだあとの第一声が「ちょっとした滑落の感覚ですね」と我々には絶対に言えない感想だったり、とにかくまあ前向きで素敵なじじいなのだ。

ただそんな前向きなじじいが一度だけ後ろ向きな発言をしたことがある。

それは先ほども出たマナスルという山を登った時のこと。

マナスル登山では８０００メートルを超えるため、酸素ボンベを吸いながらの行動になる。そして高度が上がれば自分で調節して酸素の量を増やす。

７０００メートルを超えた日、その日の酸素量は２・０という決まりでみんな登っていた。

歩き始めて2時間近く経った頃だろうか。貫田さんが隊から遅れ始めた。息も乱れかなり苦しそうだ。そして貫田さん自ら「もう限界だ、ここまでだ。あとは私を置いて行ってくれ」と。正直残念な気持ちだったが、貫田さんも、言うても60代だしそりゃ体力の限界だよなぁと。そう思い、残った隊で前に進もうとしたその時、チームドクターが叫んだ。

「貫田さんの酸素量０・５になってます！」

えええええ⁉

なんだって？　必要酸素の４分の１ではないか！　逆によくその酸素量でここまで登ったよ！　凄すぎる！　凡ミスに気付いた貫田さんは恥ずかしそうにしつつ、通常の酸素量に戻すと何事もなかったかのように元気もりもり歩いていた。おそるべし天国じじい……。

P.S. 南極登山でも強風でテントが壊れる事態となったが、貫田さんは前向きに「N

o Problem」と言っていた……。

後日談

あれから貫田さんと一緒に大きな山には挑戦してない。

ただ貫田さんは未だに時間を作っては海外の山に遊びに行き、人生を謳歌している。

先日連絡があり、腹筋をシックスパックにするために加圧トレーニングを始めたそうだ。物凄い好奇心と向上心だ。ただ三度の飯よりスイーツ好きの貫田さん。どうなることやら……。

おもしろ女優

普段の海外ロケでは大抵演者は私1人だが、年に1度くらいどなたかとご一緒することがある。

以前も書いた内村（光良）さん、１００カ国達成を祝いに来てくださった草刈正雄さん、そしてつい先日行って来ました、女優木村佳乃さん。

佳乃さんとのロケは今回が2度目である。

初めましては1年前のニュージーランドでのロケ。この時に、私含めスタッフ全員、一瞬で木村佳乃の虜になってしまった。

もう、とにもかくにも面白いのだ。大女優にもかかわらず体を張るバラエティネタにほぼNGがない。全力で泥水に飛び込み、頭から水草を纏い笑いをとっていた。正直こんな女優さんみたことない。

そして私は思った。木村佳乃さんという女優さんは誰もが知っているし、確固たる女優としての立ち位置もある。こういう言い方も変だが、やらなくてよいっちゃあ、よいお仕事である。にもかかわらずこの人は一体どんな気持ちで今目の前のヌルヌルスライダーを滑り、決してきれいとは言えない沼に飛び込むというお仕事をしているのだろう。しかもいわゆる番宣というものは一切なくだ。

不思議に思った私は素直にその気持ちをぶつけてみた。すると信じられないくらいシンプルな答えが返ってきた。

「面白いものは面白い。お芝居とかバラエティとか分けるのではなく、自分が面白いと思ったものを全力でやる」

なんて素敵な考え方。

この言葉は今後お仕事をしていくにあたり、私の指針となるに違いないだろう。ご一緒したロケを境に、それを実際に体現されている佳乃さんがもっともっと大好きになった。

佳乃さんをみていると、私もいつかこういう人になれたらなぁと思うことが沢山ある。

その①「人の名前を必ず覚える」

これは本当に凄いと思う。ディレクターさんからカメラマンさんからアシスタントさんまでスタッフ全員の名前を覚え、翌朝からは笑顔で「○○さんおはようございます」と。これはもう全員虜になるわ！　おじさんたちはニヤニヤするわ！　間違いないわ！　チキショー流石だぜ佳乃！　と思いつつ、この手法、それ以来新しい現場では密かに真似させてもらってる。

その②「とにかくお茶目」

これまた凄いコミュニケーション能力なのだ。しかもお茶目なイタズラが凄いのだ。初めて一緒にニュージーランドに行った時のこと。車移動が長く、移動中私は車内で爆睡していた。すると突然口の中に何かがねじ込まれた。慌てて目を開けると、目の前に干し芋を私の口に突っ込んでいる佳乃さんがいた。しかもめちゃめちゃ爆笑している。「イモトちゃんがお口開けて寝ていたから」と言われた。

なんだかよく分からない理由に加えて、笑っている佳乃さんをみていたら、自然とこちらも可笑しくなってきて干し芋くわえながら爆笑した。

そしてロケ中に芝生をみると「バク転やってみて」とせがんできたり、今回一緒に行ったロケ先はアメリカだが、私がまだ国を知る前に「ウズベキスタンに決まったらしいよ」と謎の嘘をついたりと、とにかくイタズラが凄いのだ。

ただ、不思議といやな気持ちにはならずむしろ楽しくなる。そこがきっと人間木村佳乃さんの魅力なのだろう。そして一緒にいると思う。天真爛漫な天然ボケのようにみせつつ、実はあえて周りの人間が気を使わなくても済むようにそう振る舞ってくれているんじゃなかろうかと。真意は分からないし野暮な質問なので聞くことはないが、私は密かにそう思っている。

その③「愛情が深い」

初めて一緒にロケして以来、佳乃さんにはプライベートでもお世話になっている。

本当に優しくて仕事のこと体のこと私生活のこと、はたまた洋服のことまで色々相談させてもらっている。私は自分の中で勝手に佳乃さんのことを教会のような方だと思っている。会って話していると、なんだか心がすこぶる洗われるのだ。そして全ての言葉が腑に落ちる。それはきっと言葉や行動の一つ一つが愛情に溢れているからだと思う。

年末、私が南極登山に行く前、壮行会と言ってお寿司に連れてってくださり、南極での不安な気持ちを吐露すると、「イモトちゃんの人生において最高の経験になる。大好き」と言い、ギュッと抱きしめてくれたのだ。それだけで心が楽になり、登山中の一歩を踏み出す原動力にもなった。

こんなこともあった。佳乃さん自身が風邪をひき、辛い時にもかかわらず、私の少し崩していたお腹を心配して病院を色々調べてくださったのだ。優しすぎるやろー。惚れてまうやろー。と心の中で連呼しつつ、先ほどのイタズラ佳乃さんとのアンバランスさがまた面白い魅力的な人なんだなぁとつくづく思う。

こんな人になりたいと思える佳乃さんに出会えたなんて、やはりわたしゃラッキーです。

この連載を書いている今はまだ、アメリカロケは放送されてないのでどうなっているかは分かりませんが、ひとつだけ分かってることは間違いなくおもしろ女優木村佳乃が降臨していることです。

後日談

その後も3回目の『イッテQ！』ロケに一緒に行き、信じられないくらい大きいナマズの穴に手を突っ込み、手をナマズに食わせて釣るというヌードリングを見事にやってのけた。まさにヌードリング女優だ。

プライベートでも相変わらずお世話になっており、恋愛相談から結婚に至るまで頼りっぱなしの甘えっぱなしだった。私の中では勝手に恋のキューピッドだと思っています。

ザ・エンターテイナー

私が所属している事務所「ワタナベエンターテインメント」で最近ちょこちょこ開かれているのが、通称「ワタナベ女子会」という、女芸人が集まりひたすら身も蓋もない話をしまくる、とても愉快な会である。

メンバーはその都度変わるのだが、バービーさんを筆頭にやしろ優、平野ノラ、ブルゾンちえみ、中村涼子、はなしょー、Ａマッソ、アンゴラ村長などなど個性豊かな女芸人が集まる。

そしてそんな個性のかたまりのワタナベ女子の中でも、群を抜いて個性が突出しているのが我らが渡辺ミキ社長である。

決して女芸人ではない。だけれど結果、誰よりも笑いをかっさらっていき、誰よりも人を楽しませるのが大好きなエンターテイナーなのである。

先日、この個性豊かなワタナベ女子会で軽井沢へ1泊旅行に行ってきた。

もうそれはそれは楽しくバーベキューをしてははしゃぎ、みんなでお風呂に入ってははしゃぎ、バービーさんの乳首を上手に隠しながらのお風呂撮影会では苦戦し、枕投げをしては筋肉痛になり、朝ごはんをみんなで作って食べては元気モリモリになり、『テラスハウス』のテーマソングを流しながらみんなでお散歩をし、その曲に合わせてミキ社長が激しく踊り出し、その姿に全員で笑い転げた。

そもそも今回行った軽井沢の保養所というのは、ここでみんなで話し合い、何かを生み出し創り出すというテーマを基につくられたものらしい。にもかかわらず、我々は仕事の話をするわけでもなく将来について語るわけでもなく、バービーさんの乳首の色がどうのこうのという本当にどうでもいい話をする、何も生み出さないただただ楽しいだけの会のために集まった。

その証拠にみんなでカードゲームをしている時、ミキ社長が「こんなに何にも考えずに、ただいるという時間を過ごすのは久々だ」とおっしゃった。

その言葉を聞いて、なんだか私は嬉しくなった。きっと社長という立場上日々考えることは山ほどあり、愛がある方だけにタレントのこと社員のことと、常に思考がフル回転なのだなぁと。だからこそ何も考えない時間を一緒に共有できたことはとても嬉しかったのだ。

そしてちょうどミキ社長のお誕生日が近かったので、みんなでお祝いをしようとケーキとプレゼントとメッセージカードをサプライズで渡した。そのみんなからのメッセージカードを読んでいる時のミキ社長の顔が、保存したいくらい幸せそうだった。社長のこんな顔を見られてよかったと、そこにいた誰もが感じたと思う。会社や現場で会う時とはまた違う、何か立場や肩書きを超えた瞬間が軽井沢ではたくさんあった。

いつもミキ社長と話すと感じることがある。

それは本当のことしか言わなくて、おっしゃることがまあ悔しいくらいに当たっている、ということだ。図星すぎて腑に落ちすぎて何も言えなくなる私に対してもそうだし、誰かへのアドバイス、はたまた一緒に観劇した舞台の感想然り、恐いくらいに本質を突いている。

数年前に『ラヴ・レターズ』という朗読劇をやった時のこと。

演者は私ともう1人の2人で、交互にお互いの手紙を読むという物語だった。正直、終わったあと私は悔しい気持ちでいっぱいだった。何を買い被っているのかと思われるかもしれないが、もっと出来る気がしていた。自信過剰とはこのことだ。出来なかったことを経験値のせいにするのがとても嫌だったのを覚えている。

そんな私の気持ちを社長には見透かされていて、社長の言う全ての言葉が腑に落ち、もうぐうの音も出なかった。ようやく自分の口から出た言葉は「悔しかった」という一言だった。

そこまで本当のことが言えるというのは、とにかくミキ社長の心が優しくてピュアだからなのだと思う。

以前2人で食事をした時のこと。その時私が少し体調を崩していて脂っこいものを避けていた。なのでさっぱりとした和食屋さんを選んで行ったのだが、行きつけのお店だったもので店長さんがはりきって新メニューをサービスしてくれた。

そのメニューがまさかのがっつりこってりのカレーパン。しかもかなりのボリューム。一瞬、昔モンゴルで苦手な羊の丸焼きを歓迎のしるしだと言われ出されたことを思い出した。

もっとも口にしてはいけないもの。ただ有難いご好意ではある。

どうしようかなと熱々のカレーパンを前に悩んでいると、突然社長が私のカレーパンを取り、ほお張り始めた。私のだけではなく自分のカレーパンも、計2個も、お通し代わりに食べてくれたのだ。決して大食いではない社長。だけれど私への気遣いと、せっかく新メニューを出してくれた店長さんへの気遣い。相当頑張って食べてくれたのだと思う。なんて優しいのだ。あんだけ食べたらきっともうお腹はパンパンなんだろうなと、その社長の優しさ溢れる行動がちょっぴり可笑しく、ほっこりして、またまた大好きになってしまった。

また社長と来年も軽井沢行けたらいいな。

後日談

先日、バービーさんと一緒にミキ社長のお宅でお料理女子会という、これまた楽しい会を開催した。それぞれ手料理を持ち寄り、おいしいおいしいとただ各々の手料理を褒め合うといったほっこり平和な時間であった。タレントとしてお仕事の相談もでき、だけどそうでない時間も共有できる社長は素敵な方だと思う。

HAPPY CAMPER

最近の私はあることにハマっている。それは何を隠そうキャンプである。今更⁇　もう山とかジャングルとかでこれでもかってくらいしてるんじゃないの⁇という声が聞こえてきそうだが、それは全て仕事中のことでして、プライベートではキャンパー歴数カ月である。

熱しやすくて冷めやすいのが私の特徴だが、今のところまだまだその熱は冷めるどころかさらに熱を帯びている気がする。

きっかけは南極登山のときに読んだ『山と食欲と私』という漫画。この本に出てくるアウトドア飯がまあ、もうとてつもなく美味しそうで、こんなご飯を食べてみたいというところから、南極登山が終わり、チリのホテルでネットが繋がった瞬間に、まず主人公が使っていたソロガスバーナーをポチッとしてもうた。そこからは歯止めが利かなくなり、メスティンの弁当箱、ソロクッカー、ホットサンドメーカー、ランタン、ナイフ、テント、焚き火台などなど、キャンプに関する様々なものを一気に集めた。

そして昔から人との出会い運だけは凄まじく良い私は、今回もその運を遺憾なく発揮した。あまりにも熱を帯び、会う人会う人いろんな方にキャンプにハマっていると発していたところ、なんと、とある友達が、

「私の知り合いでキャンプ場をつくっている人がいるよ」

なぬ⁉

キャンプ好きでもキャンプ場に詳しいでもなくキャンプ場をつくってるだと！！！！　なんと奇跡的な展開！！！！

すぐさまその方に会いたいとお願いをし、3日後にはご飯を食べることになった。

当日、目の前に現れたのは素敵な大人の女性のAさん。

自然やキャンプが大好きで、日本全国のキャンプ場やテントなどのアウトドアギアにもめちゃくちゃ詳しく、食事中にマニアックなテントメーカーを教えてもらってはヒイヒイはしゃいでいた。

Aさんは彼氏のYさんとキャンプ場をつくったそうだ。しかも本当に一からつくったのだ。自分たちで森の木を伐り、キャビンやテントを建て、施設をつくったのだ。実際そのキャンプ場に初めて行ったとき、度肝を抜かれた。すごすぎるのだ。何がすごいってキャビンやテントがオシャレすぎなのだ。まるで絵本の中にいるかのような世界観。

キャビンの中の家具なども全てこだわりのもので、そこにいるだけでワクワクが止まらないのだ。キャンプ場ではなくもう完璧なグランピング！

心の中で「いいね」を連打しつつ、これを自分たちでつくるってどんだけの猛者なんよと何度も突っ込んだ記憶がある。

ヒイヒイが止まらない私はご機嫌なままＢＢＱをいただき、そのあとは待ちに待った焚き火タイム。

とにかくこれが楽しみで楽しみで。初めて自分でキャンプに行ったとき、全く薪に火が移らず大失敗に終わった焚き火。今回こそはと密かに並々ならぬ想いで挑んでいた。

焚き火先生のYさんが言うには、良い着火剤さえあればすぐ出来るらしい。実際やってみたらその通りだった。火打石でぶっとい薪に挑んだ自分を恥じた。

赤々と燃える焚き火を見ながらあらためて思った。焚き火っていいよね。なんだろう、やはり人のDNAには、自然と火のまわりに集まるという本能的な習性が組み込まれてると思う。そして火を見ていると段々と心が落ち着き、開放的になってくる。

パッと顔を上げると、AさんとYさんが信じられないくらいニコニコしている。そしてYさんが着ているパーカには「HAPPY CAMPER」という文字が。

ニッコニコのYさんがパーカを指差しながら、

「ええやろ?」

あまりにも笑顔で言うもんだから私が楽しすぎると伝えると、AさんとYさんは、

「ここにきた人にはお仕事の立場や普段のことを忘れて、自然を純粋に楽しんでほしい。そういう場をつくりたかった」と。

その時初めて自分が純粋に自然を楽しんでいると気づいた。

職業柄、自然と触れ合う機会はよくあるのだけれど、どこか気を張っているというか、どうしてもお仕事というフィルターを通しての自然になっていた。

まず単純に綺麗な景色、圧倒的な自然、それをそのまま素直に伝えればいいだけのことなのに、いつからかどう面白く、そして分かりやすく伝えるかということが先になっ

てしまった。

それがプライベートでニッコニコのAさんやYさんと一緒に焚き火を見ていると、燃える火が尊いと心から素直に思えた。

この11年間で世界中の様々な秘境を訪ね景色を見て、贅沢な話、目が肥えすぎていたのかもしれない。今更キャンプやアウトドアにハマったのも、もう一度初心を取り戻すための何かかもしれない。このプライベートキャンプが、また海外の秘境ロケに行った時に新たに何かを感じさせてくれるきっかけになるかもしれない。

そう思うと、片道4日間ハンモック生活のうえ最後は野宿で、当時はもう二度と行かないと思ったギアナ高地のエンジェルフォールにも、もう一度行きたくなってきた。それもこれもＨＡＰＰＹ ＣＡＭＰＥＲのおかげです。

後日談

ＨＡＰＰＹ ＣＡＭＰＥＲはその後、週末ハウスまでもを自分たちで建てられた。プールもありーの広い広いデッキもありーの、それはそれは楽園のような場所でした。その場には大人しかいなかったが、みんなでプールに飛び込んだ瞬間、全員が子供になり、友人の１人は本気のバタフライを始めました。

3人の天使

私には3人の姪っ子がいる。

上から9歳、7歳、5歳、の三姉妹である。

もうとにもかくにも私は分かりやすい伯母バカなので、出先で可愛らしい洋服を見つけては買い与えーの、お誕生日でもないのに流行りのスクイーズというおもちゃを贈りーの、ガチャガチャをせがまれればエンドレスで小銭を出しーの、よく妹からは教育上良くないと怒られる。

ごもっともだ。

それでもバカな伯母は姪っ子達に好かれたい一心で、また財布の紐を緩めるのだ。

姪っ子達は私のことをQちゃんと呼ぶ。

正直わたしゃ、お化けでもなければ、マラソンで金メダルを獲った事もないのだが、物心ついた頃から3人ともQちゃんと言ってくる。おそらくは『イッテQ！』のQからきてるのだろう。時たま「Qの助」だの「Q太郎」だのと言われるので、この子達は私のことを男性と認識しているのだろうかとふと不安になる事がある……。

そんな私の中ではずっと赤ちゃんで子供だと思っていた姪っ子達も、最近ではそれぞれの個性が色濃く出てきて実に面白い。

まず、長女の結愛ちゃん9歳。

私にとってはじめての姪っ子。とにかく真面目で不器用。そしてビビり。色んなシチュエーションで見られるその姿が可笑しくて、いつも妹と2人でクスクス笑ってしまうのだ。

結愛ちゃんが小学1年生の時のこと。真面目な結愛ちゃんは学校から帰るとすぐさま算数の宿題に取りかかる。しかも使う鉛筆も見た事ないくらいキンキンに削ってある。全て結愛ちゃんが真面目に鉛筆削りで削ったものらしい。そのキンキンの鉛筆とマックスの集中力で問題を解いていく。その目は真剣そのもの。そして一点の曇りもない目で「Qちゃん答え合わせして」と言う。

よしよし、と宿題のプリントを見て度肝を抜かれた。一個も合ってない。心の中で、ウソだろうとのたうちまわったが、やはり全問不正解であった。

いくら伯母バカでも間違いを正解とは言えない。

絞り出すような声で「よし、Qちゃんと一緒に間違いを復習していこう」と全問やり直した。問題自体は1桁の足し算だったので、数字の横に丸をかいて最後は数えて確認するといった方法を教えた。

結愛ちゃんもその方法を気に入ってくれて、2人して意気揚々と問題を片付けていった。

一通り宿題を終えた結愛ちゃんが教科書をパラパラめくっているその時だった。「Qちゃん！　大変！」と結愛ちゃんが示したページには、3学期あたりに習うであろう3桁の足し算が……。

2人で開発した数字分の丸をかいて数えるといった方法が……そのページを開いたまま2人して途方にくれたのを覚えている。けれど、不器用だが真面目で努力を惜しまない結愛ちゃんなら、この先おとずれるであろう3桁の足し算も友達との人間関係も恋煩いも、きっときっと大丈夫な気がするとQちゃんは思うのであった。

そして桃愛ちゃん7歳。

次女、三姉妹の真ん中。

不器用な姉を反面教師にしたのか、とにかく要領がいい。そして負けず嫌いのやきもち焼きの小悪魔である。7歳にしてすでに周囲の大人達をメロメロにする術を知ってらっしゃる。

例えば昨年、妹と母と3人で温泉旅行にいった時のこと。帰ってきて長女と三女はお土産まっしぐらなのに対して、桃愛ちゃんだけは「温泉はたのしかった？　ゆっくりできた？」と聞いてきてくれたり、私が東京に戻る時もそっとお手紙をくれたり、妹のスマホを介して「お仕事がんばってね」とメッセージをくれたりと、完全に桃愛ちゃんの手のひらで転がされている気がする。けれどもしかしたら、どこかで彼女なりの不安があっての行動なのかもしれないと思う時がある。

桃愛ちゃんに会うたびに聞かれる事がある。

「3人の中で誰がいちばんすき？」

長女にも三女にも聞かれた事はない。

きっと三姉妹の真ん中というポジションにしか分からない感覚なのだろう。そんな時、私は「みんな好きだけどいちばんは桃愛ちゃんだよ」とこっそり答える。

この答えが正解なのかは分からないけど、桃愛ちゃんのすごく嬉しそうで満足げでどことなくだが安心したような顔を見るとホッとする。人一倍人の気持ちを察することのできる優しい桃愛ちゃんとは、Qちゃんも繊細に向き合っていきたいと思う。

最後は三女の鈴愛ちゃん5歳。

とにかく天真爛漫で太陽のような存在。肝が据わっていて愛嬌も抜群。末っ子という特権をふんだんに使っている。そしてなぜだか最近、私のことを「Qちゃん」ではなく「イモト」と呼ぶようになった……。挙句「イモトの歌」というのを作詞作曲し、その動画が送られてきた。

♪イモト～イモト～イモトは蛇を食べた～♪イモト～イモトは桃愛ちゃんだいすき～♪と鈴愛ちゃんが思う「イモトのあるある」をひたすら歌う、RGさんもびっくりな斬新な芸……。

そして何よりびっくりなのは「イモトは桃愛ちゃんだいすき～♪」って、桃愛ちゃんいちばん好きなのバレてるんかい!!! それを明るく陽気に歌にのっけていじってくるあたり……三女鈴愛ちゃん最強説である。

後日談

長女の結愛ちゃんは来年中学生。顔立ちもかなり大人びている。ただ見た目とは裏腹に中身は変わらない結愛ちゃん。

次女の桃愛ちゃんは要領の良さを生かし、最近は完全にゲーマーになってる模様。マイク付きのヘッドホンをつけている姿はまさに桃愛プロです。

三女の鈴愛ちゃんは相変わらずの様子。最近はＹｏｕＴｕｂｅでのスライム作りにハマっており、自称スライム研究所の所長と名乗ってます。

パワフルコーディネーター

普段から海外ロケの多い私は、番組のスタッフさんはもちろんのこと、現地でのコーディネーターさんと過ごす時間もとても多い。『イッテQ!』に出始め11年、今や各国のコーディネーターさんを網羅している気がする。中でも特によくお世話になるのが、ヨーロッパ全体でコーディネートしてくださるイタリアのパオラ。

パオラはイタリアの肝っ玉かあちゃんといった感じで、めちゃくちゃ元気でパワフルだ。そして『イッテQ!』とイタリア料理をこよなく愛する。イタリア以外のヨーロッパに行くと絶対にパスタもピザも食べない。そして必ず「こんなのパスタじゃない」と言いはる。

正直日本人の私からしたらとても美味しいのだが、そこはイタリア人の意地があるのだろう。いつも頑なのだ。夕飯時のそんなやりとりもロケ中の定番コントになりつつある。

『イッテQ！』のロケではいつも移動が多く時間もなくバタバタで、日本人スタッフはいつもボサボサの髪に適当な洋服といった格好が定番なのだが、パオラは違う。

どんなに朝が早くともきっちりヘアセットをし、毎日違う洋服をコーディネートして現れる。ロケのコーディネートも完璧だが、スタイルのコーディネートも完璧なのだ。しかも驚きなのは靴もほぼ毎日違う。パオラ自身もネタにしちゃってるのだが、イタリア人はとにかく靴が大好きでスーツケースにはいつも4足くらい入っているらしい。そんなパオラと私は約10年くらいの付き合いで、色んな国で一緒にロケをした。

アフリカ西部のガボンという国では道がとても悪く、次のロケ地まで車で9時間と聞いていた。9時間移動ということは車もそれなりにちゃんとしていて、あわよくば横になって寝られるかもと淡い期待を抱いていた。

ところが実際の車がきた瞬間、一同度肝を抜かれた。

目の前に現れたのはまさかのオープンタイプのトラック。板張りの体むき出しパターン。どう考えても正味1時間が限界そうなトラック。

こりゃてーへんだ！　と誰もが思ったとき、パオラがガボンのガイドさんにブチ切れていた。そのパワーたるや。頼もしかった。

ただそこはガボン。どんだけ怒ろうと無い物は無いらしい。今後のスケジュールを考えると、目の前のオープントラックで9時間移動するしか選択肢がないという。全員有無を言わさずトラックに乗せられ、その悪路に身と魂を預けた。

移動して1時間たったころ、最悪なことに雨が降り始め、風と雨に打たれながら移動する羽目に。

私は我慢できずタレントパワーで運転席に逃げ込んだのだが、カメラマンやパオラはゴミ袋を頭からかぶり必死に耐えていた。もはや移動というよりは輸送に近かったと思う。そうしてようやく目的地に着いたとき、全員亡霊のようになっていた。

そのまま野生のマントヒヒを探しにジャングルを練り歩いたのだが、正直マントヒヒより移動中のゴミ袋をかぶったパオラの方を鮮明に覚えている。

あの時は本当に最悪だと思ったけど、えらいもんで少し時間が経つと笑える思い出になっている。なんだろう、そういった経験を共有すると不思議と一体感が生まれ、その後もパオラと会うたびに、同じ話で何度だって笑える。今となってはかけがえのないガボンの思い出である。

パオラはいつだって私のことを褒めてくれる。どんなに面白くなくとも、スタッフ全員が無反応でも、パオラだけは全力で笑ってくれる。めちゃくちゃ甘やかされてる気がする。「イモトさんは会うたび会うたび、上手になってる」「なんでもできるイモトさんが大好き」と、こちらとしては物凄く気持ちよくなるのだ。

パオラとは育った土地も言語も年齢も違うけれど、どこか人としてのアンテナみたいなものが近い気がする。なぜかというとロケ中、何か問題が発生して誰かが発言したときに、すぐに目が合うのだ。きっと気付いたことや思ったことが同じなのだ。

パオラを見てると、人の気持ちをすごく考えてお仕事しているように見える。その上で最善の方法を選び、その後必ずフォローしている。まさに理想の上司である。だからこそ『イッテQ！』の演者はもちろんのこと、スタッフさんからもとても愛されている。みんなパオラに会う前には、パオラが好きな日本のお菓子をスーツケースに詰めて行く。現地の空港に着くと、お迎えゲートに笑顔のパオラが待っている。そしてパオラがクルー全員を両手を広げて抱きしめる。その瞬間、私は毎回ただいまという感覚になる。でっかいでっかい愛をもってみんなに注げる人なのだ。

一度イタリアのパオラのお宅にお邪魔して、旦那さんが作るパスタをご馳走になったことがある。そのパスタのあまりの美味しさに、パオラが放った「イタリアで食べるものしかパスタじゃない」という言葉に大きく頷いた。

それ以降どんなパスタを食べようと、あの時のパオラのお家で食べたパスタを超えることはない。なので今や私も「イタリアで食べるもの以外はパスタじゃない」とイタリアかぶれしている。

後日談

コロナでイタリアも甚大な被害を受けているニュースを見るたびに、とても心配している。最近連絡をとった時は、ガーデニングをしたり窯でピザを焼いたりとお家時間を楽しんでいる姿に安堵したが、やはり会えないのは本当に寂しい。

何も気にせず、また思いっきりパオラとハグしたい。

拝啓　安室奈美恵さま

9月16日に安室奈美恵さんが引退されて、数週間が経ちます。

去年引退を発表されてからの、約1年。安室さんと同じく、きっとファンの皆さんも9月16日を笑顔で迎えるために、気持ちを整理しながら過ごした1年だと思います。私にとって、この1年は最初引退を聞いたときの衝撃と寂しさ、その後に台湾で訪れた夢のような空間、正直わけがわからないくらいいろんなことが一気に起こった奇跡のような年でした。

台湾でのことは私が32年間生きてきて一番嬉しく、興奮した出来事でした。今日はこの場をかりて安室さんにたくさんたくさんお礼が言いたく、このお手紙を書かせてもらっています。

小学5年生の時に安室さんのファンになり、今日までずっとあなたに恋をしています。

気持ち悪かったらごめんなさいなのですが、きっと初恋のようなものだったと思います。

テレビに映る安室さん、雑誌に出てる安室さん、安室奈美恵という文字を見るだけで私の中の全細胞が反応し、心の奥底から信じられないパワーが湧いてくるのです。純粋に人を好きになること、誰かのことを全身全霊で応援したくなる気持ちを経験させてくださったのが安室さんです。

初めて安室さんのパフォーマンスを生で見たのは私が中学2年生の時、千葉マリンスタジアムで行われたコンサートでした。

当時、毎年夏の家族旅行が恒例だったのですが、その年、何が何でも千葉に行きたいと親にせがんだ記憶があります。娘の鬼気迫る様子に根負けしたのか、家族旅行で千葉マリンスタジアムに行くことが決定しました。

鳥取から羽田空港に到着した瞬間、中2の私は安室さんと同じ空気を吸っている！と異様に呼吸したのを覚えてます。

コンサートは夜の6時からでしたが、興奮した私はすぐさまマリンスタジアムに行きたいと言い出し、真夏の屋外にもかかわらず2時くらいから家族を巻き込み並んだのも良き思い出です。

きっと家族にとっては長い4時間だったとは思いますが、私にとっては愛おしいあっちゅうまの4時間。そしてステージに現れた安室さんに一瞬で釘付けでした。生で見る安室さんは、もう言葉では言い表せないくらいの圧倒的な存在感。何万人もの人を一瞬で魅了するパフォーマンス。鳥取の中学2年生にとっては、世界観が変わる一生忘れられない経験になりました。その年以降、毎年、安室さんのコンサートに行くことが私の生きがいであり、日々の生活のご褒美でした。

陸上部だった中学生時代、なかなかタイムが縮まらず心が折れそうな時、「Don't wanna cry」という曲に励まされました。高校時代、PVで見たあなたに憧れ、人生で初めて髪の毛を染めました。怒られました。大学生の時、「WANT ME, WANT ME」という曲のセクシーダンスをカラオケで踊り、当時好きだった先輩に「お前面白いな」と言われました。珍獣ハンターになり人生初のバンジージャンプを飛ぶ際、あまりの恐怖で足が竦(すく)みました。そんな時、「Baby Don't Cry」という曲の「与えられて選ぶんじゃなくて　その足で踏み出して」という歌詞を思い出し、気が付けばバンジーと叫びながら真っ逆さまになってました。マナスルという8000メートルの登山で2カ月間の山生活に心も体も疲弊した時、「Get Myself Back」という曲の「大丈夫、きっと全てはうまくいく」という言葉にどれだけ励まされたか。登っていて息が苦しくなった道中、雪山テントで眠れず泣きそうになった夜、この言葉がおまじないになり、私の精神を安定させてくれました。

本当にずっとずっと安室奈美恵さんという存在、安室さんの楽曲が寄り添い続けてくれたおかげでいろんなことを乗り越えてこられました。

いつも自分の中では近くにいるけどすごく遠くて、すごく会いたいけどすごく会いたくなくて。そんな安室奈美恵さんが台湾のへび料理屋さんで目の前に現れた瞬間、もうそれはそれは嬉しいやらびっくりやらめちゃめちゃ可愛いやら何やらでパニックに陥ってしまい、結果「こんにちは」と絞り出すことが精一杯でした。

その後に対談があることが知らされ、なお一層パニックになる私。本当にお恥ずかしい限りです。

夢のような対談では、安室さんに聞きたいことを聞くことができたり、自分の気持ちをお伝えすることができたりと一ファンとしては贅沢すぎる時間でした。

「ブレずに一度自分でやると決めたことは最後までやる」「イモトさんならきっと大丈夫」「夢はかないます」

あのお部屋で頂いた言葉、一生忘れません。

あの時感じた安室さんやスタッフの皆さんの目に見えるくらいの温かい温度、空気、一生忘れません。

6月3日の東京ドームで安室さんが伝えたファンの皆さんへの思い、一生忘れません。

安室奈美恵さんという素晴らしい歌手、女性、人と同じ時代に生まれた奇跡に感謝しています。これからの安室さんの素敵な日々が楽しく穏やかであることを心から願っています。

25年間本当に本当にお疲れ様でした。

そして本当に本当にありがとうございました。

敬具

後日談

今も毎朝、安室さんのお誕生日9月20日を時間に直した9時20分を見るたびニヤニヤする日々です。もう生でコンサートを見ることはできないけど、安室奈美恵という永遠の記憶を残してくださったおかげでしっかり前を向いて生きています。

ジャイさん

夏の終わりから、ずっとずっと念願であった『下町ロケット』という作品に参加させてもらっている。

人気シリーズで、日曜劇場という枠。最初聞いたときはとにかく嬉しくてたまらなかった。が、徐々に、時が経つにつれ不安になってくる。

原作をいただき、これまたあまりの重要な役に少し震える。

テレビに出るようになり何度かお芝居というものを経験してきた。戦前のアメリカ移民、婚活ＯＬ、おもてなしする人、ウエディングプランナー、ダメダメな不動産ＯＬ、もんじゃ屋の奥さん、とバラエティに富んだラインナップである。

そして今回の『下町ロケット』で演じるのが、なんと「天才エンジニア」である。ただのエンジニアではないのだ。天才なのだ。

心の中でこりゃてーへんだとじたばたしたが、こんなチャンス滅多にない。というか、もうないかもしれない。色んな不安やプレッシャーはあったが、何よりも安心できたのが、監督がジャイさんこと福澤克雄監督ということだ。福澤監督には8年前に5夜連続で放送された『99年の愛～JAPANESE AMERICANS～』という作品でお世話になった。

当時お芝居の経験が全くなく、ドラマ自体も初めてで、右も左も、なんなら上下も分からない状態で、草彅剛さんの妻で泉ピン子さんの若い頃を演じさせてもらった。

そしてこれもまたこの時初めて触れたものだが、ドラマでは台本の前にプロットというものを見せてもらう。プロットには物語の大まかな流れだったり、登場人物の設定だったりが記してある。私の役は一体どういう人物なのだろうと、ワクワクとドキドキの中、覗き込むとそこには、

「島根生まれの気立ての良いブス」

ちょとまってちょとまってお兄さん、状態である。

いやいやわざわざ「ブス」つけなくて良くない⁇　急にブスって！　こちらとしては「気立ての良い」という文言でなんとなく空気読みますから！　器量が良いでなく気立

ての良いのあたりで察しがつきますから！　確かにプロット渡す前なんだかマネージャーがニヤついてた気もするな！　と心の声で散々突っ込んだのを覚えている。そんな一つ一つが新鮮であった初ドラマ。

そして、このドラマはかなりのスケール感で撮影は日本だけにとどまらず、アメリカのシアトルやロスでも行われた。

私は当時から珍獣ハンターをしていたので、中米のコスタリカからそのままシアトルに入ったのを鮮明に覚えている。シアトルに日本から移住してきて広大な大地を切り開くという内容だったので、大きな馬を引っ張ったり畑仕事をしたりと、いつも以上に身体を動かしたこともまた良い思い出だ。出演者の方々も超豪華で、草彅さんはじめ泉ピン子さんや小林稔侍さん、中井貴一さんなど錚々たるメンバーである。そこに私が交じって、果たして大丈夫なのであろうか。

初めての撮影日。

私は文字通りガッチガチだった。セリフは覚えた。

その一点しか声を大にして言えるものはない。しかもこの今の緊張状態だと、その覚えたセリフでさえ飛んでしまう可能性がある。

そんな状況の中、衣装に着替えメイクをしてもらい、ソワソワしていた。すると突然福澤監督に呼ばれた。

今でもよく覚えているのだが、サブコンといわれるよくテレビなどでも見かけるモニターがたくさんある部屋。そこに監督がいらっしゃった。

福澤監督は身長約190センチ元ラグビー部。その出で立ちは、時代が違えば武将だったのではと思うほどの威風堂々としたもの。

そして監督がドラマ撮影未経験の私に撮影の流れを説明してくださった。まず最初にドライ、これは段取りみたいなものでカメラも回さずお芝居の動きをつけたり、人によっては台本を持ちながらやったりもする。次にカメラリハーサル、これはカメラを回しながらやるいわば仮本番。そして本番。その後一言。

「いもっちゃんはドライからぶちかましてくれ」

このぶちかましてくれという言葉が、初めてでガッチガチに緊張していた私の中にスーッと入ってきた。

そうか、そもそも経験も技術もあるわけではないのだから上手にやろうとかそんなことは忘れ、まずはその場でその役を全力でやるしか自分にできることはないのだと。自分なりにドライからぶちかましてみると余計なことを忘れ、そのまま本番まで変な緊張をすることなく、その場にいることができた。

監督のその言葉があったからこそ、最後まで「島根生まれの気立ての良いブス」を演じることができたのだ。

そして福澤監督のもとでの経験が本当に楽しく、珍獣ハンターだけでなくお芝居というものをやりたいと強く思うようになったのも監督のおかげである。

この8年間、またご一緒できるのを願ってきた。別の作品のエンドロールで監督の名前を見ると、ジェラシーすら感じたほどだ。だからこそ、今回の『下町ロケット』に参加できる嬉しさと言ったらもう。

撮影前に監督が「僕もこの8年間でちょっとは成長したんですよ」と冗談混じりに笑いながらおっしゃった。私もこの8年間で成長した姿を監督に見せられるよう、天才エンジニア島津裕を全うしたい。

後日談

大変なシーンもたくさんあったが、島津裕として過ごした時間は宝物になった。毎日現場でジャイさんにシマちゃんと呼ばれることで、私自身、天才エンジニア島津裕の自覚をもち現場に居ることができたのだと思う。今回ご一緒して、ジャイさんの演出は魔法だと感じた。

神の島での出会い

30歳になる頃だろうか。ふと思ったのだ。

１００カ国以上世界をあちこち旅しているのに、私は一体どのくらい日本のあちこちに行ったことがあるのだろうか。

よくよく考えてみると鳥取から上京して、そのあとすぐ珍獣ハンターになったもんで、せいぜい両手の指で事足りるくらいの数しか日本の各地に行ったことがない。しかも名所となるともっと少ない。

ペルーのマチュピチュには2回も行ってるのに、京都の金閣寺銀閣寺には一度も行ってない。カンボジアのアンコールワットには行って、日光東照宮には行ってない。パナマ運河の壮大な装置はリポートしたのに、黒部ダムは生で見たことがない。カナダで野生のシロクマには遭遇したのに、北海道の旭山動物園のシロクマには会ってない（これはまあ良いか)。と言うように、とてつもなく贅沢な経験を海外でさせてもらっている特別感の裏で、日本人としてはこれで良いのかなぁとアンバランスさを感じていた。

自分で言うのもなんだが、私はとにかく思いたったら即行動する人間なのである。そこだけは我ながらすごいと思う。

特に、ことプライベートに関しての行動力ったら凄まじい。

海外はお仕事で行かせてもらってる。だとしたら日本国内は自分自身で見て回ろうじゃないか。

しかも私、お一人様に関して全く抵抗がない。

気がつくと京都に向かう新幹線に乗っていた。海外の秘境に行き、旅慣れてるとは思えないくらいベタな京都観光をした。金閣寺銀閣寺を巡り、お抹茶を飲み、鴨川をお散歩した。

お一人様という究極の自由もあってか、国内一人旅は信じられないくらい楽しかった。

味をしめた私はその後も1人で、金沢の21世紀美術館、軽井沢の大人の旅館、岐阜の白川郷、会津磐梯山の紅葉と、少しずつではあるがもっと日本を知ろう旅を満喫しているのだ。

そして中でも一番お気に入りの場所が、沖縄の久高島。

初めて行ったのは2017年9月。実は少し前から、知り合いの方から「神の島と言われている島で何にもないけど、とにかく海が綺麗で心が洗われる」と聞いていた。ただ沖縄は少し遠いし、すぐに行くのは難しいかなと思っていた。

ところがどっこい、私が愛してやまない安室奈美恵さんが沖縄で25周年のライブを開催される。しかも参戦できる！ってことは神の島久高島にも行ける!!

もはや呼ばれているとしか思えない！

得意のポジティブシンキング発動。これまた気がつきゃ安室さんの野外ライブを存分に楽しんだ後、久高島行きのフェリーに乗っていた。

島には本島南部の港からフェリーで約30分。到着してすぐに自転車を借りて散策した。その自転車の番号が「20」、安室さんのお誕生日。なんてラッキーなんだと鼻歌歌いながら、島の先端のカベール岬を目指した。久高島は自転車で端から端まで20分くらいの島だ。誰もいない一本道で自転車を漕ぐ。

そこに音は何もなく、ただただ風をきるのが気持ちいい。舗装されてない道で自転車を漕いでいると振動で手が少し痺れてくる。

それもまた気持ちがいいなぁなんて思っていると、島の伝説でアマミキヨが降り立ったと言われているカベール岬に到着した。海はエメラルドグリーンで、太陽が反射してキラキラ輝いていた。基本的に雰囲気にすぐ浸る私は、岬に座り瞑想してみた。側から見たら女性が1人、岬の先端で座禅を組んで瞑想してるなんてかなり怪しい。けれど久高島マジックなのか、全く人の目が気にならないのだ。旅は心の洗濯なんていうけれど、本当にそうだ。その後一年ととても良い年になった（大好きな安室奈美恵さんと共演できたのです）。

ということもあり、先日御礼もかねて2回目の久高島に行ってきた。

そこで今回は友人に紹介してもらい、島で民宿を営むさわさんという女性を訪ねることにした。さわさんを訪ねると、9月16日の安室さんの記事が載っている沖縄の新聞を持ってきて「いつか渡すべき人が来るんじゃないかと取っておいたの」と新聞を下さった。

その驚くべき感性と能力に、私は心の中で「おおおお！　神の島!!!」と震えた。

そしてその民宿に泊まっていた女性のお客さんと私を、さわさんが案内してくださった。さわさんにもそのお客さんにもその日初めて会ったのだが、なんとも言えない心地の良さで女子三人旅を楽しんだ。1人では絶対に行けないような場所に連れて行ってもらい、たくさんパワーをもらった。最後フェリーまで時間があると言ったら、さわさんがとっておきのビーチを教えてくれた。

鬱蒼とした草をかき分け、岩場を降りて行くと、そこにはお一人様限定のビーチがあった。

「ここで1人でぼーっとするといいよ」とさわさんは言って去っていった。

いっぱいいっぱいの心の洗濯をして、景色をひたすらに眺めていた。不思議と写真を撮ろうとは思わなかった。むしろ撮りたくないというか、誰にも見せたくないと思ってしまった。それくらい美しかった。

そんな心狭き私とは違い、初めて会った私にすぐに教えてくれたさわさん、感謝です。ありがとうございました。今度は夕日と朝日を見に行きます。

後日談

昨年、念願の久高島での1泊をすることができた。夕日と朝日を堪能し、さわさんの実家で手料理をいただき、旅行ではなく、「旅」をすることができた。本当に、小さな小さな島だけど、すべてがある島だと思う。これからも行きたい帰りたい、大切な場所です。

ボタニカルレディ

以前記したのだが、1年くらい前からキャンプにハマっている。

そしてその影響なのかここ1年で、急激にグリーンというものに興味が芽生えた。お花から観葉植物、はたまた苔に至るまで、店先で発見した日にゃ喰い入るように見つめている。

SNSでも、ガーデニングやボタニカルライフといったワードで検索をしてはニヤニヤしている。少し前までは本当に植物に興味がなく、職業柄たまに花束なんかをもらったりするのだが、いつもすぐ枯らしてしまうし花瓶もないし、人にあげることにしていた。それが今や花束が嬉しくて嬉しくて、どう飾ろうかと妄想しながらお家に帰るのだから人間分からないものだ。

そのことを先輩のいとうあさこさんに伝えたことがあった。すると、あさこ「イモト、それは順調に歳を重ねている証拠だよ。花鳥風月という言葉があるだろう。人は花見て鳥のさえずり聞いて、風感じて最後月見て死んでいくんだ」

師匠の言葉は凄まじく深かった。

イモト「ちなみにあさこさんはどこまできているのですか」

あさこ「月見てる」

色々と心配になった。

少し話がそれてしまったが、そんなこんなでグリーン熱が次第に過熱し、最終的に庭がほしいという結論がでた。

しかし、うちはＴＯＫＩＯのど真ん中、そうそう簡単に庭などない。鳥取にいたころは家のまわりが田んぼだらけでコンクリートジャングルに強い憧れを抱いていた。それがいまや土をいじりたい衝動にかられている。やはり人間分からないものだ。

そして庭は無理でも、うちにはベランダというものがある。ありがたいことにまあまあ大きい。ただせっかくの広いベランダも持て余した結果、10年前にコモド島で購入した木彫りのコモドドラゴンや、５年前にニュージーランドで購入したトリケラトプスの置物が陣取っている。ここをどうにかいい感じに使えないかと思った。

最近つくづく思うのは、人っていうのはほしい情報や知りたいものはその都度あちらさんから寄ってくるものなんだなということ。今回も見事にそれに当てはまった。なんと元相方のバービーさんがガーデニングプランナーの資格を持っているというではないか。

たしかにバービーさんは昔からお花が大好きだった。しかも本名が「笹森花菜」。名前すべてがボタニカルワード。というわけですぐさま連絡して、バービーさんこと笹森さんにベランダガーデンを作ってもらうことにした。

バービーさんとは昔「東京ホルモン娘」というコンビを組んでいた。歳は2つ上でおなじ養成所の1期先輩。当時の養成所の先生にある日呼ばれた。バービーさんともう1人同期の女の子とわたしに向かって、

「お前たちが組めば森三中を超えられる」と言い放った。

我々ははりきってトリオを組んだ。だがその数カ月後、もう1人の女の子が突如居なくなり、結果バービーさんとわたしでコンビになった。

お互いに大学やバイトなどで忙しく、ネタ作りやネタ合わせは深夜のファミリーレストランでしていた。終電がなくなるとバービーさん家に泊まらせてもらうこともあった。

鮮明に覚えているのが、お部屋の角の花瓶に飾られていたお花。

当時、ギリギリの状態で花を買うという余裕が金銭的にも精神的にもなかった。だから、わたしはなんでバービーさんはお花なんてわざわざ買うのだろうと、不思議だった。泊まった翌朝、バービーさんはバイトのため先にお家を出て行った。先輩のお家でしこたま寝て起きてテーブルを見ると、そこにはバービーさんが握ってくれたおにぎりが置いてあった。なんて優しくてすてきな気遣いをされる人なんだろうと思った。お花が大好きで料理上手で面倒見が良いバービーさん。理想のお嫁さんではなかろうか。

芸風的にどうしても豪快なイメージがあるけれど、そことはまた違う一面がバービーさん、いや笹森さんにはあると思う。

芸人たちと軽井沢の事務所の保養所に行く時に、真っ先に後輩たちの交通費を心配して払うバービーさん。女子会をひらくとタイの本格ヤムウンセンを手作りしてもってきてくれるバービーさん。お花見の時、料理からお座敷シートまで自分で準備して後輩たちをもてなすバービーさん。そのバービーさんの思いやり精神がつまったでっかい背中を、みんなしっかり見ているんだと思う。

その証拠にバービーさんのまわりには人が集まる。それも芸人さん達だけではなく、様々な方たちが集まってくる。今回のベランダ作りにもそんなバービーさんを慕うガーデニングのプロ達が集結。結果コモドドラゴンとトリケラトプスを活かした最高のベランダガーデンが完成した。

10年前にバービーさん家で思った、なんでわざわざお花なんて買うのだろうという気持ち。今なら花をいけるバービーさんの気持ちがすごく分かる。

きっとあの時よりは、金銭的にも精神的にも余裕ができたのだろう。けど当時から花を愛でる心をもっていたバービーさん。やはりただものではない。

後日談

後で聞いたのだが、本当はバービーさんは私のベランダに滝を作ろうとしていたらしい……しかもドッキリで……恐るべしである。

最近では地元の北海道栗山町の町おこしや下着のプロデュース、インドネシアの歌姫など本当にマルチに活動されている。その発想力と行動力と愛の力は年々パワーアップしている気がする。

全力ケイさん

現在、私は海外ロケでカナダに来ている。

この時季（2019年1月末）のカナダは気温マイナス15度、とても寒い。私含めスタッフ一同完璧な極寒仕様の装いでモントリオール空港に到着した。ここでコーディネーターでニューヨーク在住のケイさんと合流するのだ。

ケイさんとはこの10年で数えきれないくらいのロケを一緒にやってきている。勝手知ったる仲である。

ケイさんの飛行機が少し遅れたので、空港で待っていると、そこにド派手なラッパースタイルのケイさんが現れた。蛍光オレンジのニット帽にブルーノ・マーズを意識したサングラス。寒さ対策を意識してないシティスタイル。いろんな意味でまさに目立ちまくっていた。

御年42歳、やんちゃすぎるおじさん。こんな風に言うと悪口に聞こえるかもしれないが、そうではない。出会ってはや10年、私はこのやんちゃなケイさんが大大大好きなのだ。

兎にも角にも、ケイさんは今を全力で生きる人である。

ロケ中によく見る光景なのだが、ケイさんはいつももぐもぐしている。気づくともぐもぐしている。たまに通訳しながらもぐもぐしていることもある。大人だからとか仕事中なんだからとか関係ない。食べたいと思ったらその時食べる。ちょっと!!!　と突っ込みどころ満載なのだが、あまりにもその姿が可愛らしく人間らしさが溢れ出ていて、気がつくと私は見惚れてしまっている。物欲に関してもそうだ。ロケ中たまに空き時間ができるとケイさんと一緒にお買い物に行く。

ある時、ケイさんがスニーカーを購入した。すると次の瞬間、新しいスニーカーに履き替え、履いていたスニーカーをすぐさま処分した。そしてまたまた購入したスケボーに乗り、シャーシャーと漕ぎ始めたのだ。

なんて自由な人だ。これがニューヨーカーということなのか。触発された私は乗れもしないスケボーを買っていた。

例だけあげるとなんだかヤバめのおじさんに思われるかもしれないが、ケイさんの凄いところは仕事が完璧なのだ。しかも海外ロケのスケジュールは本当に過酷で、予定の変更や車の運転などコーディネーターさんは特に大変だ。けれどケイさんはいつ何時も楽しそうなのだ。やるべきことをやりたいことに瞬時に変換できる人で、仕事もプライベートも目の前のことに全力投球できる。

カナダロケ中、夕食を食べながら人生観、結婚観について話していた時のこと。数年前に授かり婚でスピード結婚されたケイさんに、戸惑いや迷いみたいなものはなかったですか？　と問うと、こう答えた。

「人生も結婚もロケと一緒。始まったら全力で流れに身を任せるしかない」

なんだか妙に納得してしまった。きっとそれを体現しているケイさんの言葉だったから、説得力があったのだろう。

そしてこのカナダロケで「全力ケイさん」に感謝していることがある。

それはアイススケートリンクをマウンテンバイクで爆走するというロケでのこと。30メートル位の距離を往復して、そのタイムが15秒を切れば撮影中のドラマの番宣ができるという内容で、私が挑戦する前にケイさんが安全確認も含めてシミュレーションをしてくれた。するとそこは全力ケイさん、ものすごいスピードでマウンテンバイクを漕ぎ、そのままのスピードでコーナリングに入った。

しかしそこは氷の上、予想通りというか予想以上に凄まじく盛大にマウンテンバイクごと吹っ飛んだ。目の前で見て思ったのはめちゃめちゃ面白いけどめちゃめちゃ危ない。するとケイさんは笑いながら「大したことないですよー」。いやいやめちゃめちゃ大したことあるし！　絶対どっかしら痛いし！　もしくは今痛くなくても後で痛くなるやつだし。そして思った。私やりたくない。

しかし、もう太陽も沈みかけている。ゴネてる時間はない。とりあえずはやってみようと意気揚々と漕ぎだしたのだが、気持ちとは裏腹に体が動かず、信じられないくらいの安全運転になった。速くもなきゃ面白くもない。要は完全にビビったのだ。この時の私は完全に「今」を考えてなかった。どちらかというと帰国してからのドラマ撮影のことを考えていた。ここで盛大にこけて万が一怪我をしようもんなら……。

この考え方は考え方で、プロとしてお仕事をする以上当たり前だし正しいと思う。けれどなんか悔しかったのだ。

やってもないこと、起こってもないことばかり考えて全力で挑戦しようとしてない自分自身に腹が立ったのだ。

しかも目の前に、私のために何度も全力でシミュレーションしてくれているケイさんがいる。どっちが正しいとかはないけど、私はやっぱりケイさんの取り組み方のほうが好きだ。全力で今を生きる。ケイさんを見てて思う。決してあと先考えてないわけじゃない。どんなあと先になっても自分ならどうにかできるという強い覚悟があるから、目の前のことに集中できるのだ。

チャレンジ2回目、私は全力でマウンテンバイクを漕ぎ、コーナーで全力でハンドルを左にきり、全力で滑って転んだ。どこも怪我はしなかった。それもこれも全力ケイさんのおかげである。

後日談

少し前に、アメリカロケでケイさんの会社にお邪魔したとき、この連載の記事が額縁に飾られていた。嬉しかった。ニューヨークも今大変な状態で会うことは難しいけど、また全力ケイさんに早く会いたいと思う今日この頃です。

安田顕のすっぴんしゃん

最近つくづく思うのは、ご縁って本当に大切だなぁということ。

毎週やっている『イモトアヤコのすっぴんしゃん』というラジオでも、今年のテーマを「緑と縁」と声高らかに叫んだ。あたかもうまいこと言ったふうに叫んだため、一瞬変な空気になったが、んなことは気にしない。

緑に関しては前にも書いたが、お家に小さいながらもガーデニングできるスペースを元相方のバービーさんに作っていただき、その後も楽しんでいる。それもまた緑が繋いでくれた縁である。

そして最近、またまた嬉しいご縁があった。

今年のテーマを叫び若干変な空気になったラジオ『イモトアヤコのすっぴんしゃん』に、昨年『下町ロケット』でご一緒させてもらった安田顕さんがゲストで来て下さったのだ。

これは本当に嬉しかった。阿部寛さんはじめ佃製作所のみなさん、尾上菊之助さん、約半年間の撮影期間を通して、共演者の皆さんと濃い時間を過ごすことができた。ここでの出会いは財産である。長い撮影期間や放映された作品以上に、モノ作りの過程に関われたこと、人がどうモノ作りに携わっているのかをアリーナ席で見られたこと、このこと自体がとんでもない財産だと思う。

『下町ロケット』の現場では毎回、自分自身の未熟さを感じていた。そういう時そっとアドバイスを下さったり、何気なくアシストして下さったのが安田顕さんだ。3年前に放映された作品のセカンドシリーズということで、なんとなくチームの中にお邪魔するという感覚があった。しかも周りを見渡すと大御所の方ばかり。抜こう抜こうとしてもいつのまにか肩に力が入っている。気がつきゃ一人、隅でセリフをブツブツ言っている。挨拶とセリフを通しての会話以外、現場ではほぼ話す余裕がなかった。

そんな時、安田さんが声をかけて下さったのだ。「すっぴんしゃん聴きましたよ」と。すごく嬉しかった。がしかし、安田さんが聴かれたのがまさかの『下町ロケット』の撮影裏話的な回だった。盛りグセのある私が「何人かで長いセリフを言うシーンがあって、最後のセリフで噛まれたのが安田さんだった」という、最後のオチとして安田さんを使わせてもらった内容だった。聞かれたら一番気まずくなる内容。だったら最初から話すなよ！　いやいやまさか聴いて下さるとは！　どっちにしてもあとの祭り。

安田さんの「僕そんなことありましたっけ⁇」という的確なご指摘により、私の盛りグセもばれたのだ。

ただ結果なんだかんだ、そこから色んな話をすることができるようになった。佃製作所の他のキャストの方とも、安田さんの何気ないパスのおかげで少しずつ冗談など言い合えるようになったのだ。毎日現場に行くのが楽しみになっていき、最終的に行くと落ち着くようにもなっていたのだ。

安田さんはお芝居の場面でもそっとアドバイスを下さることが多々あった。

最終話で私が演じる島津が、設計をしたトラクターが田んぼで故障して立ち往生しているところに遭遇する場面で、台本では島津がそのトラクターの名前をつぶやくとなっていた。

しかし自分の力不足により、なんだか薄っぺらに聞こえてしまう。

すると安田さんが「ここはあえて何も言わずにじっとトラクターを見つめたほうがい

いんじゃないか」とそっとアドバイスして下さった。

ある時は焦って専門用語を早口で言いがちなシーンで、そっと「もっとゆっくりでいいと思いますよ」と言って下さったりもした。そう、安田さんはいつ何時も何気なくそっとなのだ。これ見よがし感が全くない。そこがまたカッコいいのだ。その何気なく感が今回ゲストで来ていただいたラジオでも遺憾なく発揮されていた。

せっかくだからと安田さんとの色んなエピソードを詰め込みすぎ、一個一個の話が雑になり気味の私のトークを、安田さんが全てそっとフォローして下さった。そのトーク力たるや！

一度安田さんがＮＨＫ『プロジェクトＸ』の青函トンネルを作った男たちの話をして下さり、あまりのお話の上手さにその場で目頭が熱くなった。すぐさま本篇を見たのだが、安田さんのトーク力のほうが上回り、結果泣けなかった。それだけに『イモトアヤコのすっぴんしゃん』ではなく完全に『安田顕のすっぴんしゃん』であった。

今回、間近で安田さんとご一緒して感じたのは、きっと役者さんとか仕事人とか男とか、それ以前に一人の人間としてとてもとてもピュアな方なんだなぁということ。

誰かと話す時、ご飯を食べる時、本を読む時、普段の何気ない日常ときちんと怠けずに向き合って、時には怠けてしまうこと自体にも向き合って生きているからこそ、役としてそこに立った時に嘘のない役者さんでいることができるのかなぁと、安田さんを見て感じた。

もちろん安田さんみたいな方になることの難しさは分かっている。しかし、せっかくのご縁。このご縁を大切に私も日々の生活ときちんと向き合いたいものである。そのためにはまずは盛りグセから直さねば……。

後日談

その後もひっきりなしに色んな作品に出られており、それをテレビや劇場で堪能させてもらっております。見るたびに、私はこの方と本当に共演したのかなぁと不思議な感覚に陥る。

共演させてもらったことを誇りに、またご一緒する時に成長できているように一生懸命自分と向き合いながら生きていこうと思います。

気持ちのいい女

「役にはまっている」

私はこの言葉が一番似合うのは、三軒家万智を演じた北川景子さんなのではないかと思う。

私にとって初めての連ドラ『家売るオンナ』。この作品で北川景子さんという女優さんに初めてお会いした。

初めて台本を読んだとき、自分も含めそれぞれの個性が全開で、いい意味でめちゃくちゃぶっ飛んでいると感じた。そして最高に面白かった。

特に主演の三軒家万智の個性は凄まじかった。セリフに何度も出てくる「GO」が、とにもかくにも激しいのだ。それゆえこの役を北川景子さんが演じるのが信じられなかったし、想像がつかなかった。

顔合わせという、この作品に関わる役者さんや監督、脚本家の方などスタッフさん全てが集まる日。

私は極度の緊張をしていた。まず最初に行われる役者それぞれの一言挨拶。これがもう手に汗握る緊張なのだ。

わたしゃ芸人なのだから、何かウィットに富んだ気の利いた面白い挨拶をしなければとなぜか自分で自分を無駄に追い込んでいた。物凄い緊張感の中、まずは主演の北川景子さんと紹介され、景子ちゃんは堂々たるいでたちで、この顔合わせ前日に行った自身の結婚式に触れ、この作品のために髪を切ったこと、そして意気込みを語り、なんと夫の伝家の宝刀である「ＤＡＩ語」で締めたのだ。

その瞬間、一気に現場は大爆笑に包まれた。完璧な挨拶だった。あれぞ私が憧れるウィットに富んだ大人の挨拶。

感動してる間に自分の番になり、わたしゃ芸人らしからぬヌルッとした当たり障りのない挨拶をしてしまった。

挨拶の重圧から解放されたのも束の間。その後は台本読みというものがあった。私の役は白洲美加という、やる気もない仕事もできないというダメダメ社員。自分のセリフをゴニョゴニョ確認するとともに、三軒家万智はどんな風にセリフを言うのか興味津々だった。

台本読みが始まってすぐ、三軒家万智の「GO」が響いた。その「GO」をいう北川景子は三軒家万智そのものだった。そこにいた全員が心の底からビクッとしたし、そこで全てが固まったと思う。その後撮影が始まってからも、それぞれがそれぞれの役割を思いっきり演じることができたのは、あの台本読みでの「GO」のおかげだと思う。

撮影中も常にセリフは完璧だし、常に美しい。

連続ドラマをやってみて思ったのは、スケジュールの過酷さ。特に主演ともなると出ずっぱりゆえ、早朝から深夜まで撮影三昧。その中で次の日のセリフも覚えなくてはいけない。その上で女優としてカメラに映らなくてはならない。これって実はとんでもなく大変なことで、努力をし続けてないと出来ないことなのだ。

正直、世間のイメージも私自身も、女優さんは生まれつき美人でストロー付きのペットボトルの水を飲んでいる、華やかな世界で生きる人という幻想があったが、景子ちゃんに出会って変わった。アスリート並みのストイックな生活とハードな日常を送っているのだ。私のいつもの仕事は分かりやすく身体を張っていると言ってもらえるが、一緒に撮影させてもらい、景子ちゃんこそ本当に身体を張っていると思った。

ジャンルは違えど同世代で、同じ働く女性としてとても尊敬している。そんな景子ちゃんを撮影終わりに勇気を出して誘い、初めて焼肉を食べに行ってからかれこれ4年。ドラマが終わってからも定期的にご飯だの、映画だのディズニーランドだの仲良くさせてもらっている。景子ちゃんと一緒にいると、なんだか学生時代に戻ったかのように楽しい。

好きなこともそうだけど、苦手なことも共有出来る稀な存在なのだ。景子ちゃんには安心してなんでも話せるし相談できる。そして何より彼女は嘘をつかない。だからこそ、彼女に褒められた時はめちゃくちゃ嬉しいのだ。

私が結婚した時のこと。景子ちゃん夫妻からお祝いの品をいただいた。それがとあるブランドの信じられないくらいでっかいでっかいお皿だった。しかも珍獣ハンターに因んでたくさん動物が描かれてある、物凄いエレガントなお皿。開けてすぐ思わず私は「でかっ！！！」と言った。

それを聞いた景子ちゃんは、「それを聴きたくてこれにした」と笑っていた。

なんだかそのでっかいお皿のプレゼントに、北川景子という人間が詰まっているような気がした。思い切りの良い、気持ちのいいオンナなのだ。
そんな景子ちゃんがもうすぐお母さん。きっと思いきりの良い気持ちいい母になるのだろうなと、元部下の私はニヤニヤしてます。

後日談

お互い環境は変わっていくかもしれないけど、これからもなんでもない事で笑える友達でいてください。

ラジオな人たち

普段は海外で身体を張るお仕事が多い私ですが、3年前からTBSラジオで『イモトアヤコのすっぴんしゃん』という番組をやらせて頂いてる。

以前からラジオをやってみたいという気持ちはあったのだが、どこか自分の声だけで伝えるということにビビっていて、私には向いていないとブレーキをかけていたような気がする。ただ有難いことにご縁あってチャンスを頂き、どうにかこうにか3年目を迎えられた。

『すっぴんしゃん』のテーマは「素」。私の普段の生活話を聞いてもらおうという、なんとも自分自身を勘違いしてしまっているようなテーマではあるが、当人はとても楽しい。最近これ買っただの、友人とご飯食べに行っただの、小顔マッサージに行っただの、ガーデニングを始めただの……文言だけみるとどこぞのアイドルのプライベート感満々だが、紛れもなくイモトの話である。リスナーさんの需要にお応え出来ているかは謎ですが、もう一度言います。

当人はすこぶる楽しいのです。

初めはひとりで30分話すことにすごく不安だったが、今ではラジオブースに行くのが楽しみで、実家のような居心地の良さを感じる。

大切な時間になったのはやはり、『イモトアヤコのすっぴんしゃん』に携わっているスタッフさんのおかげだと思う。いろんな方々に支えられているラジオではありますが、毎回顔を合わせるのは、4人のスタッフさんである。

まずプロデューサーの小塙（こばなわ）さん。

とにかく優しい。打ち合わせから収録まで、私のどうしようもない日常話をいつもニコニコ聞いてくれる。きっととんでもなく博識なのだが決してそれをひけらかすことなく、そっと情報を教えてくださる。芸人さんとラジオをこよなく愛する素敵なラジオのおじさまだ。

2人目はディレクターの秋山さん。

秋山さんは番組の構成や収録や編集をこなすいわば監督さんである。少しぶっきら棒なところもあるが、これがまたクセになるぶっきら棒なのだ（笑）。基本的に私はラジオブースの中、秋山さんはガラス越しのサブコンといわれるところにいらっしゃるので、直接会話するのではなく、ガラス越し、イヤホンを経てのコミュニケーションとなる。それがなんだかとっても心地いい。距離があるという意味ではなく、物理的にそのような距離がある方が言いたいこととか、何を求められているのかなどを客観的に感じることができるのだ。

そして個人的に私は秋山Dの美的センスが好きだ。番組のロゴや収録風景の写真撮影なども秋山Dが行っている。そのセンスがまあ良いのだ。素晴らしい（上から目線でごめんなさい）。なので毎回収録終わりに私服撮影会が始まる。もちろんラジオなのでどんな格好で話そうと伝わらないのだが、その時間も含めて楽しい。

3人目は作家の居安さん。

収録中は基本的に一人喋りなのだが、ブースの中に居安さんが居てくださって目の前で私の話を聞き、相槌をうち、笑ってくださる。そしてカンペで様々な指示や届いたメールを渡してくださり、それを私が読むという形だ。そして私は思う、居安さんって日本一の聞き上手なんじゃないかと。リスナーの皆さんに私の拙い喋りが届きますようにと話してはいるが、やはりまずは目の前の居安さんに届いて欲しい、笑って欲しいという気持ちで喋っている。そんな私の思いに応えるかのように全力で相槌をうち、全力で笑ってくれる。その聞き方のリズムに、いつも惚れ惚れする。なんて油断していると急な無茶振りをしてくる。わたしゃただただあたふたするしかないのだが、結果それもまた心地いい。

４人目はＡＤ甲斐ちゃん。

可愛らしい、西野カナさんの大ファンという女性ＡＤちゃんだ。いつも細かいお仕事など色々とやってくれるのだが、先日とても感動することがあった。

実際ラジオでも話したのだが、最近私は絵を描くことに目覚め、とある友人に絵をプレゼントすることになった。ただ昔から美術の成績は2で、キャンバスに描くこと自体初めての経験である。じゃあそもそもなぜ描き始めたのよ、という至極真っ当な意見は一旦無視します。

兎にも角にも「絵を描くことになったけど、どう描いていいか分からない」という話を打ち合わせでした。すると甲斐ちゃんから衝撃の一言が、「私、大学美術科でした」。なんという偶然、強く欲していると欲しい情報がやってくる。すぐさま打ち合わせはほったらかしで、甲斐ちゃんに質問攻め。結果あまりにも聞きすぎて、収拾がつかなくなり、今度自分なりにまとめてみますという有難いお言葉を頂きその日は終わった。

すると後日、私の元に1通のデータが送られてきた。開くとそこには甲斐ちゃん自ら撮影編集した絵の描き方動画があったのだ。しかもすごく丁寧な作りでテロップが入っていたり、BGMもつけてくれていて、それが私の大好きな安室奈美恵さんだったりと、とにかくその心意気に感動したのです。

その動画のお陰で無事に絵も完成させることが出来ました。そんな大好きなラジオな人たちに囲まれ、自由にやらせて頂いてるTBSラジオ『イモトアヤコのすっぴんしゃん』ぜひ聴いてください。

後日談

『イモトアヤコのすっぴんしゃん』、先日放送200回を迎えることができました。新たなスタッフさんも加わり、ますます居心地が良い空間になってます。記念すべき200回目の放送はまさかの足湯企画。ただただ足湯に浸かり喋るといった、ゆるゆるの放送でした。賛否はあるかも知れないが、そんなラジオが私は大好きです。

中村涼子と2度目のキャンプ

以前にも書いたのだが、一時期私はキャンプにハマっていた。と言っても2年で数回行っただけでここ1年は一度も行かず……結果、買い漁ったキャンプ道具は車のトランクの肥やし状態。ほぼほぼ、そのこと自体忘れかけていたところだったのだが、気まぐれな私はキャンプ動画で有名なヒロシさんのＹｏｕＴｕｂｅをきっかけに、またまたキャンプ熱が蘇ったのだ。

そして第一次キャンプブームの時に買い揃えたテントや焚き火台のことを一旦頭の中の棚の上に置き、あろうことか、新たなテントに焚き火台をポチッてしまったのだ。あ、あぁぁなんてことをしているのだ!と自分を叱咤するのだが、それ以上に届くのが楽しみでしょうがない。気がつくとその新たな道具たちを試すキャンプ場を検索している自分がいる。

そして今回も一緒に行くのは中村涼子である。

涼子は同じ事務所の後輩芸人で13年くらいの付き合いになる。年も一緒で、後輩ではあるが、なんだか友達みたいな関係性だと私は勝手に思っている。

元々、私がキャンプにハマるきっかけとなった漫画『山と食欲と私』を面白いから読んでみてくださいと紹介してくれたのがこの中村涼子なのだ。それを機に私はキャンプに興味を持ち道具を買い、涼子とともに初めてのキャンプに繰り出した。あろうことか極寒の2月に……。しかも何を血迷ったのか、かなりの上級者キャンプ場に……。それはそれはある意味一生忘れられないキャンプデビューであった。

このキャンプで私は涼子に申し訳ないことをしてしまった。

まず、当たり前だがすごく寒い。その年、南極登山から帰ってきた私は、気持ち的にいくら2月とは言え南極のことを思えば楽勝だろうとなめていた。

しかし2月の山梨、体感ではあるが南極並みに寒かった。とにもかくにも焚き火だ！　暖まりたい一心で私と涼子は管理人さんから薪を買い、火を起こそうとした。しかし何度点けようとしても全然うまくいかない。なかなか火は点かないし、点いたとしてもすぐに消える。あまりにも寒いと人は冷静さを失う。そして2人してひとつの結論に至った。「薪に問題がある」。一度そう思うと、人間怖いものでどんどんその方向に持っていこうとする。

「確かにさっきからこの薪からシューシュー音しません？」

「だよね、ってことは湿気っているってことだよね」

「そりゃいつまで経っても点かないわ」

涼子は気を使い「私、管理人さんのとこ行って薪交換してきます！」と意気揚々と出かけた。

そのわずか数分後、テント越しに聞こえてきたのは管理人さんの怒った声。めちゃめちゃ怒られている様子の中村涼子。そして信じられないくらい意気消沈した涼子が帰ってきた。

心なしか血の気が引いている気がする。訳を聞くと、薪にケチをつけた中村涼子はものすごい勢いで叱られたらしい。

まず薪割り用の斧を持ってきてないことを叱られ、着火剤がないことを叱られ、バーナーがないことを叱られ、ライターが小ちゃ過ぎると叱られ、とにかく叱られまくったらしい。

さすが上級者キャンプ場。要は単純に私の準備不足だったのだ。そのせいでとんでもない目にあう涼子。本当に申し訳ないことをしてしまった。結果なんだかんだ言いながらも、寒さに凍えそうな素人キャンパーの火起こしを手伝ってくださった管理人さんには感謝なのですが……。

そんな初回キャンプがあまりにもパンチある苦い思い出となったためもうキャンプは懲り懲りかなと思いきや、今回も誘うとすぐに「行きます！」と言ってくれる涼子、本当にありがたい。

前回の反省を生かし、今回のキャンプはかなり快適。

まず初夏という最高の季節。レンタル用品も豊富な初心者キャンプ場。その上で斧やバーナー、着火剤にカセットコンロを持参。キャンプ場近くの道の駅で地元のお野菜や味噌、カッコつけてウイスキーを買い、着いてテントを設営しながらの乾杯、清流できゅうりを洗い丸かじり。まさに夢見ていた理想のキャンプ。

途中、なぜか涼子の周りだけ虫がたかり計4回、目に虫が入っていた。本当に申し訳ないのだが笑い転げてしまった。もちろんキャンプ自体が楽しいのもあるけど、やはり一番は涼子と一緒だったということだ。

出逢って13年。多分、涼子に隠していることは何ひとつないと思う。以前すごくすごく悲しいことがあった時。もう思いっきり笑うことはないかもしれないと涼子に話を聞いてもらっていたその時。私の座っていた椅子が突然ぶっ壊れて私は後ろにひっくり返った。次の瞬間、2人とも思いっきり爆笑していた。涼子といると楽しい。元気になる。癒される。恥ずかしいとか人にどう思われるんだろうとか考えずにお互いにやりたいこと、将来の夢をワクワクしながら話し、いいねと言い合う。そしてそのまま行動するのだ。涼子は私の夢をいつも全力で応援してくれる。私も涼子の夢を全力で応援する。すごくシンプルだけど、これからもずっとずっとそんな関係でいられたらいいな。

後日談

ここのところ涼子の夢がどんどん叶いはじめている。自分で洋服を作りブランドを立ち上げた。富士山が毎日みたいと河口湖に住みはじめた。最高に楽しそうに生きている。これを書いている今、3度目のキャンプに行く約束をしたところだ。

わたしの父

先日、父が60歳の誕生日を迎えた。還暦だ。娘の身からすると、自分の父が還暦を迎えたのが不思議というか信じられない感覚だ。ただよくよく考えれば私自身が33歳。そりゃそうだ。みんな歳を重ねる。

父が私の父になったのが27歳。その年齢をとっくに越えている。

うちの父は一言で言うと真面目だ。仕事は公務員で町役場で働いている。長男で今は私の祖母、母、妹、義弟、３人の姪っ子、そして訳あって出戻りしてきた叔父の９人家族の長でもある。色んな責任感もあるのだろう、私が見る限り安定という言葉がとてつもなくしっくりくる。その安定のお陰で私は子どものころから大きな贅沢はしないが、比較的自由にやりたいことはやらせてもらい、行きたいところにも旅行で行かせてもらったり、わりかしのびのび育ててもらった。

きっと十二分に愛してもらったお陰だろう。どこに行っても好奇心旺盛な私はよく迷子になった。どこかで父と母が私から目を離すことはなかろうとでも思っていたのか、自分の心の指針に従い、すぐにどこかに行ってしまう。

地元の夏祭り、はじめて行ったディズニーランド……よく迷子センターにはお世話になりました。そんな私に比べて、1歳下の妹は決して父と母の手を離さないタイプ。まったく個性の違う姉妹を見守ってくれる優しい父。

そんな温厚な父なので、私はほぼ父に怒られた記憶がない。だからこそ1回だけ真剣に怒られたことを強烈に覚えている。

小学4年生の夏休みに家族4人で広島に行った時のこと。途中フェリーに1泊した夜、食事を終えた私達は、お部屋のデッキから海を眺めていた。デッキの柵の高さは私の肩くらいで、私は海がなかなか見られなかった。夜の海。真っ黒な暗黒の海。

「見たい」

好奇心旺盛な私はすぐさまそう思った。そして気持ちからの筋肉伝達が異常に速い私は、気がつきゃデッキの柵をとび越えるかのようにジャンプし、よじ登ろうとした。次の瞬間、温厚な父の鳥取訛(なま)りの怒鳴り声が響いた。

「何しちょーだ！　落ちたらどげすーて！」

（何をやっているのだ！　落ちたらどうするのだ！）

本当におっしゃるとおりである。そしてそのままデッキに転がった。大泣きしながらごめんなさいと言っていた。あんなに真剣に怒られたのははじめてだった。

父の怖さというよりは、父の愛を感じたのだ。それ以来私は一度も父に怒られた記憶はない。

そんな優しい父だからこそなのか、私はずっと自分の将来のことを父にも母にも話せなかった。本当は小学生のころから芸能人になってテレビに出たいという夢があった。きっときちんと話せば分かってくれるだろうし反対もしないだろう。けど、鳥取の高校生の私は進路相談でそれをはっきり言えなかった。

父は安定を好む人だし、芸能界なんてギャンブルみたいなものだと、理解してくれないだろうと勝手に思っていた。そして芸能人イコール東京と思っていた私は、とにかく東京にさえ行けばどうにかなると思った。

大学進学と言えば、父も東京に行くことを許してくれる。本当のことは隠して嘘をつくような形で私は東京方面の大学に入学した。父と母には高い学費と生活費を仕送りしてもらった。本当に申し訳ない話だ。

そして自分の夢を叶える為アルバイトをし、お金を貯め、大学2年生の時に事務所の養成所に入った。これまた父には内緒で。なんとなく、就活までに何かしらの結果を出さなければ話しづらくなると思っていた。

1年間養成所に通い、その後運良く事務所に入り、運良く『イッテQ!』のオーディションに受かり運良く珍獣ハンターになった。大学4年生の時だった。

これはもう父に言うしかない。しかし心配性の父。テレビに出られることは喜んでくれるだろうが、コモドドラゴンというオオトカゲと競走するという内容を言ったら、きっととてつもなく心配するだろう。私はざっくりと海外ロケ番組とだけ伝えた。実際に放送を見た父はテレビの前で絶句したらしい。そりゃそうだ、娘が異国の地で生肉を括りつけ3メートルのオオトカゲに追いかけられているのだ。

「何しちょーだ!　喰われたらどげすーて!」状態である。

自分で言うのもなんだが、父の心配は計り知れない。けど今では私の一番の応援者である。実家に帰省すると必ず空港まで迎えに来てくれて、東京に戻る時には空港まで送ってくれる。妹曰く、そのために仕事を休んでいるらしい。私のインスタグラムをめっちゃチェックしてくれている。しんどいことがあった時「何があっても味方です」とメールをくれる。

そんな父が還暦を迎え、これからどんな日々、人生を送るのか。実は私みたいに家族に内緒で何か夢を叶えようとしてるのではないかなと想像してみたり。父がそうであってくれるように私も父の一番の応援者でありたい。

後日談

定年を迎えた父だが、運良くそのままの職場で働いている。

まだまだ元気で家のあれこれやら孫にこき使われたりで忙しそうにしている。コロナの影響でまだ結婚式は挙げられてないのだが、いつか父とバージンロードを歩くのを楽しみにしています。

素敵なお洋服屋さん

突然だが私は洋服が好きだ。

傾向はその都度変わってはいるが、鳥取にいる時から家で1人で着替えまくって、ファッションショーをしてよく遊んでいた。

ただ鳥取でお洒落なお洋服屋さんを見つけるのは難しく、今のようにネットショッピングができるわけでもなく、お母さんがオリジナルのドレスを作ってくれるわけでもなく、たまにおばあちゃんが髙島屋で奮発して買ってくれる洋服と近所で入手できる作業着のような、汚れても大丈夫的な洋服を組み合わせた、まさにオリジナルファッションショーであった。

そして夢を抱き、いざ上京して来た18歳。

鳥取には売ってない最先端の洋服たち。

原宿や渋谷に行こうと思えばいつでも行けるその状況に、胸がときめきまくった。

高校生くらいまでは『ジッパー』という雑誌の影響もあったのだろう、今でいう裏原系のようなファッションに憧れていた。基本的にはボーイッシュで派手な感じである。

それが高校を卒業して大学に入った瞬間、『ＣａｎＣａｍ』系になったのだ。まさに大学デビューである。当時エビちゃん（蛯原友里さん）や押切もえさんといったカリスマがいて、私は押切もえ感を出し、キャンパスを練り歩いていた。

ただそれは少し無理をしていたというかイキっていたというか、鳥取感を消さなきゃという焦りと、周りに合わせねばという勝手に感じたプレッシャーから来るファッションだった。

大学1年生を『ＣａｎＣａｍ』系で過ごし、2年生の時に芸人の養成所に入った。この頃から大学に慣れてきて、友達ができた事もあって周りに合わせるファッションから自分を出すファッションに変わっていった。

やはり私は安室奈美恵さんが大好きでダンサーへの憧れもあり、行き着いたのはＢ系ファッション。

ダボダボのパンツにＤＥＶＩＬとプリントしてあるタンクトップでいつでも踊れるぜ、

しかも芸能人への強い憧れから目深の帽子にサングラスにマスク。養成所時代、一度その格好で電車に乗ったところ、車内が「あれ誰だろう」とざわついた。

その後も色んなお店や人、ブランドを知るようになって自分の中でもブームを色々と試しながら洋服を楽しんでいた。上下違う柄の派手なスエットブーム、ロンドンガールブーム、山ガールブーム、麻系の自然派ブーム、瀧廉太郎に憧れたのですかとよく聞かれた丸メガネブーム、洋服選びに時間を使わないいつも同じ格好をするというスティーブ・ジョブズブーム。

そして3年前、とある素敵な女性に紹介していただき、最高にアートでポップでモードでエレガントでエッジのきいたお洋服屋さんに出会ったのだ。

それは洒落乙ピーポーが集まるお洒落タウンにあり、入った瞬間からなんだかもうミュージアムに入ったかのような空間。ワクワクするのだ。そしてときめくのだ。何が素晴らしいって、兎にも角にも接客が最高なのである。空間もさることながら、そこに居る方々がこの素晴らしい空間を作ってるのだなぁと思える。

私はそのお洋服屋さんで2人の方と仲良くさせてもらっている。

1人はほぼ同い歳のSちゃん。すんごく人懐っこくイモトちゃんと呼んでくれる、可愛らしくいつもまっすぐな気持ちを伝えてくれる眩しい女性だ。そしてSちゃんがそのお店の洋服を海外に買い付けに行っている。私もだいぶ海外には行くほうだが、Sちゃんの渡航インスタを見ていると凄まじい。働く同世代の女性としてとても尊敬している。もう1人はRちゃん。ちょっとお姉さんの癒し系で、会うとほっこりする。そのRちゃんがいつも接客してくれるのだが、私の好きそうなものと新しく挑戦できそうなものを絶妙なバランスで見立ててくれるのだ。何度も試着をし、こういう場面で使えるとか、以前買ってくれたあのパンツに合わせられる、とかそのお洋服屋さんで過去に買ったものも全て把握してくれていて、スタイリングしてくれる。もはや私服のスタイリストさんのような存在だ。

色んなお客様一人一人に丁寧に接客していて、そのプロのお仕事にいつも感銘を受ける。プライベートでも遊んだり、その時その時のRちゃんの直感なのか、素敵な方々を紹介してくれる。以前書いたキャンパーさんだったり、この間はそのお洋服屋さんのお客さんで私と同郷でもある女性ライターさんを紹介してくれた。そしてライターさんSちゃんRちゃん私とで食事をした。そのライターさんの素敵なことよ。その方を見ていると自然に歳を重ねること、これからの人生がより楽しみになってきた。

やはり素敵なお店には素敵なお客さんが集まるのだ。そして素敵なお店はそこで働く素敵な人が作っているのだ。

一度そのお洋服屋さんでお買い物をすると、何年も何十年も通うと聞く。それはきっと、単純に洋服を売るということ以上に、ワクワクやときめきなどお客さんを幸せにする接客を提供しているからなのだろう。

私もいつか素敵なお客さんになれるよう歳を重ねたい。と鳥取のファッションモンスター気取りは思うのだ。

後日談

やはりこのお洋服屋さんの服を着ると、俄然テンションが上がる。季節の変わり目に自分へのご褒美と言ってはちょこちょこ行っている。つなげてくれた素敵なライターさんとも、その後お仕事することが出来たのだ。これからもこのお店に通い続けられる自分でいられますように。

わたしのお母さん

前に、父のことを書かせてもらった。

父は至って真面目で優しく、穏やかな存在だ。その父とは対照的なのが母である。

母も父と同じく、還暦を迎えた。そんな母は保育士で、私が物心ついた頃からあまり家にはおらず、働く女性というイメージが子どもながらにあった。明るく天然っぽいところもあり、よく母を知る人からは、「絢ちゃんが今のお仕事しているのは、きっとお母さんの血を受け継いだのだね」と言われることがある。確かに、自分でもそう思う。

昔から人前に出る直前までは緊張して不安で仕方ないのだが、いざ表に出るとどうにでもなれー精神でやりきれてしまうのだ。それはきっと母のＤＮＡを受け継いだのだなと感じたエピソードがある。

私がテレビに出始めた頃、『メレンゲの気持ち』という久本雅美さんがＭＣの番組にゲストで呼んで頂いたときだった。番組の最後にサプライズでお母さんが登場するという、テレビではよくある展開。ただやはり番組としては私に驚いてもらうため、事前に母に、娘さんには出ることは言わないでくださいと伝えていた。

しかしそこは天然のお母さん。収録前日に連絡があり、「明日東京に行くから夜ご飯一緒に食べよう」。

仕事でしょっちゅう東京に来ているのであればなんとも思わないが、そんな事は今までただの一度もない。どんだけ鈍感な人間であろうとさすがに気付くやつ。明日の収録に絶対来るやつ。とりあえずは夜ご飯の約束だけして収録当日を迎えた。

初のトーク番組に、この後母がサプライズで登場するという緊張感の中、フワフワしたトークを繰り広げ、それを久本さんにフォローしてもらうという状況。

そんな中、「実は今日はイモトさんをよく知るこのかたに来て頂いています」というキラーフレーズが聞こえた。いよいよか！　ちゃんとびっくりできるかなぁと構えていると扉が開いた。

そこにはなんとセーラー服を着たお母さんがいたのだ。

しかも登場してすぐ、「よろちくびーーーー」と目の前にいる久本さんの十八番を叫んでいるではないか。

びっくりできるかなぁと構えた自分が馬鹿だった。母の底力を見せつけられた。初のトーク番組は母に大いに助けられた、というか完全に母に持っていかれたのだった。この出来事は私にとってとても衝撃的で、と同時にこの人の娘なのだから、私はきっと大丈夫だと思えるようになったのだ。

そしてその12年後、またしても母の衝撃的な事実というか秘密を知ることになろうとは……。

２０１８年『下町ロケット』というドラマに出たときのことだった。それまでも何度かドラマには出させてもらっていたのだが、『下町ロケット』ではそれまでの役柄とは違い、真面目な天才エンジニアという役柄。そういう事もあったのかは定かではないが最終回が終わった後、母から珍しくメールが来た。

「絢ちゃん、実はお母さん、昔女優を目指していて東京までオーディションにも行ったの。おじいちゃんに反対されて諦めたのだけど。だから絢子の夢を応援したい」

まさかの告白だったがなんとなくこれまでのことが腑に落ちたし、すごく嬉しかった。

私は娘だから、当たり前だけどお母さんとしての姿しか知らないし、生まれたときからお母さんだった。けど最近思うのは、お母さんにもお母さんになるまでのストーリーがあり、何かを得て、何かを失っての繰り返しで私のお母さんになったのだ。もしかしたら今の私だから、お母さんもそういう自分のことを語ってくれたのかなぁとも思う。そして最近、仕事関係の報告しかしてなかった私がプライベートでの嬉しい報告をしたときのこと。電話口でお母さんは涙を流してくれた。それがまた嬉しく、私も涙した。お母さんのお母さんがそうだったかは分からないけど、そうやって人の想いというのは世代を超えて伝わっていくのかなぁと想い始めている。

40年前、お母さんがオーディションに受かって女優になっていたら、きっと今の私はいないと思う。けどそれはそれで別の角度から見てみたいなぁとも思うし、いつか自分がお母さんになったとき、それまでのストーリーを伝えられる関係でありたいとも思う。

コモドドラゴンと追いかけっこした事、コモドドラゴンは口の中に細菌がいるから噛まれたらやばいという事。チーターと競走した事、ネコ科に背を向けたらやばいという事。8000メートルの山に登った事、高山に行ったら息を吸うことより吐くことに集中する事。芋虫をたくさん食べた事、揚げると意外に美味しいという事。世界にはたくさんの場所があって人がいて、とりあえずニコニコしておくとなんとかなる事、海外に出ると、より日本や育った場所が好きになった事。少し特殊だけどいつか自分なりのストーリーを伝えられたら良いな。

そしてお母さんが私にしてくれたように、やりたい事は思いっきりなんでもできる事を体現できたら良いな。母のように、娘のために全力で「よろちくび」をできる人間でありたい。

後日談

延期になったままできていない結婚式だが、とにかくお母さんが張り切りまくってくれている。衣装から美容院から、仕切り具合が半端ない。母の知り合いの鳥取のアベンジャーズが結集しているのだ。結婚式で母が「よろちくび」をしないことを祈っている。

絶対的演出

私事ですが先日、番組ディレクターの石崎さんとの結婚を『イッテQ！』生放送で発表させて頂きました。

番組初の緊急生放送、たくさんの方に協力してもらい、たくさんの方に「おめでとう」と言ってもらった。生放送の番組内で私が結婚することを結婚相手クイズのVTRで流すため、この日まで私は結婚のことをほとんどの方に内緒にしていた。

そこに関して申し訳ないという気持ちが強かったので、発表した時に『イッテQ！』メンバーやスタッフさんが涙を流して「おめでとう」と言ってくれたことが心の底から嬉しく、わたしゃ本当に人に恵まれているのだなと誇らしかった。

この発表の約1年半前に石崎さんとお付き合いすることになったのだが、実はお付き合いしてすぐ報告したのが番組の総合演出である古立さんである。石崎さんと私にとって古立さんは恩人のような方で、私は『イッテQ！』に出始めた12年前、石﨑さんはそれよりも前からお世話になっている。

古立さんは普段は基本的には海外ロケには行かない。ロケの企画や各ディレクターさんが行ったロケのVTRを総合的にチェックし、どこを使うか、使わないかを判断する。その為、ときたまバッサリカットされることもある。現場でどれだけ苦労したとか、何時間かけて撮ったとか、関係なくバッサリいかれる。最初の頃はなんて冷酷なのだと思っていたが、時がたつと思う。古立さんは常に視聴者目線で判断しているのだ。

どれだけ大変だったかはどうでもよく、それより見ている人が何を見たいか、笑ってもらえるかが第一優先、めちゃくちゃシンプルなのだ。そして最近では、カットされることに愛さえ感じてしまう。

10年前、初めて古立さんが24時間テレビの総合演出をされた時、私はランナーに選ばれた。そして126・585キロというバカみたいな距離を走った。走り終え皆さんに褒めて頂き、私もかなり舞い上がり、意気揚々とお迎えのタクシーに乗ろうとしたその時だった。

「イモト。これはこれだから」

と古立さんは言い放ったのだ。

いやいや今日くらい調子に乗らせてよ！　全身筋肉痛のおなごによくもそんなこと言えるわ！　こちとら126・585キロ1日で走っとんじゃ！と心の中で叫んだが、今思うとまさにその通りなのだ。

むしろ「頑張ったね」とか「お疲れさま」を通り越して、一番愛がある言葉なのではないか。浮かれたまま、何かすごいことを成し遂げたのではと勘違いしたまま生きることの怖さよ。その3日後にはいつも通りの海外ロケを入れてくださったことにも感謝している。

あれ以来、良いことも悪いことも「これはこれ」と自分自身を律するようになった。

そして登山企画でも古立さんの存在は大きい。

2014年、『イッテQ！』登山部でエベレストを目指すことになった。

正直、それまでもキリマンジャロ、モンブラン、アコンカグア、マッターホルンと世界の色々な山を登ってきて、私なりに山の怖さや過酷さを体験してきた。だからこそ世界最高峰のエベレストに登ることがどんなことか、2カ月間のテント生活、8000メートルの空気の薄さ、もしかしたら死ぬかもしれない、それでいてテレビ番組で行くということの意味、正直不安だった。

しかし古立さんが出発前に、「もしベースキャンプに着いて実際にエベレストを見て、思っていた以上にでかくて怖くて登れません、となったとしても必ず2時間のVTRは作るから」と言ってくれたのだ。その言葉に安心した。

もちろん登頂を目指しているのだけれど、演者だからとか、テレビだから絶対自分が頂上に立たなければいけないと思い込んでた自分にとってどれだけ楽になったか。そしてその言葉を聞いたからこそ、逆に絶対登りたいと思った。生意気な話だが私は演出が古立さんでなければ絶対に山には行ってないと思う。それくらい信頼しています。

だからこそ、今回の石﨑さんとの結婚に至るまでを一番に報告したのだ。そして番組の視聴者の方が一番楽しんでくださる放送を考えてくれた。

生放送が終わり、最後に演者さんやスタッフさんの前で古立さんが一言挨拶をしてくれた。

「今回こういう形で発表になったので2人は気にしてましたが、僕が誰にも言うなと釘をさしました」と言ってくれたのだ。

こういうさりげない優しさ。そういうところ。番組に関わる全スタッフさんが古立さんを愛し、この人のために頑張りたいと思える存在なのだ。みんな知っているのだと思う、古立さんが誰よりも忙しく、誰よりも汗をかいてること。そしてそれを表に出さないことを。

今回の結婚で本当にたくさんの人に祝福して頂き、幸せということもあって私史上かなり舞い上がっている。今こそ10年前に古立さんに言われたあの言葉を自ら浴びせよう。

「これはこれだから」

P．S．古立さんは、私と石﨑さんとの結婚を「見てる人がどっちも羨ましくない結婚」というどっちにも超失礼なこと言い放った。ホント腹立つわぁ。

後日談

相変わらずとても忙しそうな古立さん。コロナの影響で海外ロケに行けなくなった今、きっと色々と頭をフル回転させているのだろうなぁと推し量ることしかできない。きっと元に戻る事はない中で、大好きな番組の歯車の一部として機能できるよう、古立さんの旗のもと、目の前のロケに全力で挑もうと思います。

しっかり者の早絵ちゃん

私は普段、どちらかというと年上の方に遊んでもらうことが多い。芸能人の方もそうだがスタッフさんなどとも年上の方ばかりと遊んでしまう。

自分なりに分析してみると、私は2人姉妹の長女だったため小さい頃からお姉ちゃんが欲しい願望が強かった。気がつけば後輩の中村涼子（この連載でも紹介させてもらいました）以外はほぼ年上。しかも中村涼子とは数カ月しかお誕生日が離れていないので、ほぼ同い年。

そんなラインナップの中、唯一と言っていい年下の友人がいる。

それが早絵ちゃん。早絵ちゃんは7個下。正真正銘の年下の友人である。出会いは8年前、24時間テレビの登山チャレンジ企画だった。当時18歳の早絵ちゃんは、それまでも24時間テレビで遠泳やトライアスロンといったチャレンジをしていた。持ち前のガッツと明るさを画面で見ていた私は、一緒にキリマンジャロにチャレンジできることを楽しみにしていた。

キリマンジャロは一般の人が行ける、世界で最も過酷な場所と言われている。実際一度登ったことのある私もその通りだと思う。登山行程は長く、当然1日では登れない。約1週間かけて登り、そして下りてくる。その間は当然お風呂にも入れず、常にみんなと一緒の山小屋生活。標高も6000メートル近くあり、酸素も平地の3分の1ほどになる。私自身本当に辛くきつく、しんどいロケだった。だからこそ早絵ちゃんとチャレンジすると聞いた時、正直早絵ちゃんが心配だった。

早絵ちゃんは目が見えない。というか今ならこう思う、早絵ちゃんは人より目で見ることが苦手だ。

登山の行程にはなだらかな道だけではなく、ゴツゴツした岩や、急な登り急な下り、目で確認して歩いていても危険がたくさん潜んでいる。そして何より何日もかけて登って立つ、頂上からの景色を早絵ちゃんは見ることができないんじゃないかと私は勝手に思い、勝手に心配していた。私も登山で初めてのサポート役ということで少しナーバスになっていたのかもしれない。

しかし、実際登り始めるとそれはそれは楽しい山登りだった。いつもはカメラの前には私1人なのだが、早絵ちゃんがいることでめちゃくちゃ心強かった。むしろ生放送の中継などがくると、早絵ちゃんに頼りっぱなしであった。的確に今の状況を説明し、少し笑いも交えながらきっちり時間通りに締めてくれる。ベテランスーパーアナウンサー並みのお仕事ぶりだった。

それに引き換えわたしゃ中継直前にお腹が痛くなり、岩場に駆け込み寺をし、なんとかことなきを得たり、さらに登頂直前にもお腹を壊し、山男からこれを飲んだら腸の動きが2週間止まるという謎の超怖い薬をもらい、ことなきを得たりと散々だった。

なもんで唯一お姉さんらしくできたのはトイレの時くらいだ。

山には当然山小屋以外にはトイレは存在しない。なのでやる時は野に放たなければいけない。それに関しては百戦錬磨ですから、よく早絵ちゃんと〝連れトイレ〟に行った。そしてお互いを見張り合う。一緒に歩き、一緒にご飯を食べ、一緒に寝て、一緒に用をたす。そんな日々を過ごしていると、なんだかもう恥ずかしさとか見栄なんてものはなくなってくる。トイレの件がよっぽど頼もしかったのか、ある日を境に早絵ちゃんが私のことを「イモ兄(にい)」と呼ぶようになった。

そしていよいよ登頂アタックの日。

頂上で朝日を見る為に深夜の出発。真っ暗な中一歩一歩進む。気温も真冬並みで、道も今までと比べものにならないほど急になる。後ろを振り返ると、早絵ちゃんも必死で一歩一歩進んでいる。歩いていると段々と空が白み始めてきた。ギルマンズポイントという場所で御来光を待つことになった。ゆっくりと雲海から太陽が顔を出し、それは強くて優しくて暖かい光だった。その時だった。

早絵ちゃんが小さな声で「見えた」と言った。

そして太陽の方に手を伸ばし、「暖かい」と言った。その時思った、それ以上でもそれ以下でもなくそれがすべてなのだ。

登頂してもそこからの景色が見られないんじゃないかと、登る前に思っていた私は早絵ちゃんに気づかされた。今私は早絵ちゃんと同じものを見て、そのあまりにも綺麗な景色に一緒に感動している。早絵ちゃんは人より目で見ることは苦手かもしれないけど、心で全身で五感で見ているのだ。そうやってもう一度世界を見てみると、一度見たものでも全く違うものに見えるのだなと、私は早絵ちゃんと登った2回目のキリマンジャロで思った。

あれから8年経つけれど、未だに早絵ちゃんとはちょこちょこ遊んでいる。この前は早絵ちゃん家で、早絵ちゃん手作りのお鍋をご馳走になった。何か私も手伝おうと食後のコーヒーを淹れようとしたところ、豆をこぼし怒られた。そして先日、初めて音楽活動をしている早絵ちゃんのライブを観に行った。前半のラストに、早絵ちゃんが「最近大切な友人が結婚したのでその人の為に歌います」と歌ってくれた「DEAR」。

曲を聴きながら一緒に見た朝日を思い出し、イモ兄は涙が止まりませんでした。

後日談

この前電話をした時に、改めて早絵ちゃんの声っていい声だなぁと1人しみじみしていた。落ち着いていて、人をそのまま包み込んでくれる安心する声だ。たくさんの人にその声が届きますように。

お祭り男

先日、とても嬉しいことがあった。『世界の果てまでイッテＱ！』のお祭り企画が1年4カ月ぶりに復活したのだ。この祭りの主人公は我らがお祭り男、宮川大輔さん。大輔さんは約13年間、世界のお祭りで暴れまくってきた男である。

当時まだ私は『イッテＱ！』に出る前だったのだが、テレビの前でお祭り男の奮闘に度肝を抜かれたのを覚えている。急斜面をチーズを転がしながら自分自身も転がりまくる危険度スーパーマックスのチーズ転がし祭りでは、信じられないほど転がり続け世界第2位！

どれだけ水しぶきを立てられるかというスプラッシュ祭りでは10メートルの飛び込み台で頭から飛び込むという、私では絶対に考えられないスタイルで果敢に攻めた。

そして大輔さんが凄いのは、攻めの姿勢で結果を残しつつも、そうじゃない場合も最後はすべて笑いに変えられるのだ。

乳牛祭りという、牛乳にまつわる様々な障害物を乗り越え、最後大量の牛乳を一気に飲み干し走ってゴールしなければいけないお祭りでは、途中で飲んだ牛乳をリバース。

普通であれば日曜8時の夕飯時、放送しづらいが、リバースしているところにキラキラをつけて大輔さんの勇姿を視聴者の皆さんに伝えていた。めちゃくちゃ面白かった。記録を真剣に狙いに行き、結果記憶に残ったお祭りだなぁと思った。

番組なので、お祭りチームの共同作業でいつも楽しいワクワクするＶＴＲを見させてもらっているのだが、やはり大輔さんの力はめちゃくちゃ大きいなぁと思う。

それは何度か一緒にお祭りロケに行かせてもらったときに感じた。オフィスチェアに跨(またが)り、障害物をよけながらアスファルトの坂を下るお祭りが私にとって初参戦だった。このとき感じたのは、とにかく泣いても笑っても祭りは一発勝負だということ。当たり前のことだがその緊張感とプレッシャーは初めての感覚だった。と、同時にこれを毎回大輔さんは感じ、打ち勝ち、人とも自分とも戦ってきたのかと。初めてのお祭り、私は人にも自分にも負け、気がついたら悔し涙を流していた。そしてそれを撮るスタッフさんはなんとも言えない表情をしていた。そう、私は笑いに変えることも出来なかったのだ……。

その後も石鹸箱レースや泥祭りなど色々なお祭りに参加させてもらったが、中でも一番印象に残っているのが、アカン運び祭りという男女のカップルや夫婦で参加するもの。男性が女性のまたに顔を挟まれ担ぐスタイルで、ハードルや池を越えながらまあまあな距離を走りゴールを目指すレース。なるべく女性は軽い方が男性にとっても楽だし有利になるのだが、現地のステーキがあまりにも美味しく前日に爆食いしてしまい、当日なかなかの重量で挑んでしまった。

そして本番、きっと皆さんが想像する以上に、男性の、大輔さんの負担が大きかった。体力的にかなりしんどいレースだ。それは担がれながら感じられた。一歩一歩進む度に大輔さんのＨＰが減っているのが手に取るようにわかる。昨日食べたステーキを改めて後悔した。そしてなんとか池ゾーンを越えゴールが見えた時、大輔さんが倒れこんでしまったのだ。

そしてその瞬間、私だけかもしれないが以心伝心できたような気がした。そして迷うことなく、逆に私が大輔さんを担ぎ、ゴールした。観客からは盛大な拍手をいただいた。結果論だが昨日のステーキに感謝した。記録というゴールを一緒に目指したのも嬉しかったし、何よりも記憶というゴールを一緒にできたのが嬉しかった。大輔さんにはお仕事中もそうだが、プライベートでも沁みるアドバイス、言葉をたくさんいただいている。

ちょうど1年くらい前のことだ。私はなんだかとてもお仕事に対してフワフワしていた。やりたいことはやらせてもらっている。とてもありがたい。けどそれと同時に新しいことにも挑戦したい気持ち、それをうまく実行に移せない自分に苛立ちを覚え、どこかで誰かのせいにしていた。そして今ある仕事をこなしてしまっている感覚があった。そんな時期に大輔さんがご飯に誘ってくださった。

直接もらった大切な言葉たちなので多くを言うのは憚られるが、最後に「この先もどんなことでも僕がカバーするし、やりたいことを思うがまま頑張れ」と。本当に嬉しかった。

大輔さんはこの言葉を体現している人だ。仕事も仕事以外も全力で楽しんでいる。まさに生き様自体がお祭り男だなぁと感じる。言葉に行動に嘘がない。だからこそ大輔さんの言葉は心にスッと入ってきて、ずっと居続けてくれてみんなの心を離さない。

そんな大好きなお祭り男の復活。本当に本当に嬉しかった。

先日のお祭り復活の収録、私はこの1年4カ月同様、隣の席でできる限りの声でわっしょいポーズをすることしかできなかったけど、この1年4カ月で一番嬉しいわっしょいポーズだった。

後日談

この状況できっと悔しい思いをされていると思います。
早くまた、世界で戦うお祭り男が見られますように。

しばらく会えなくなってしまった人たち

今、私は自宅でこの回を書いている。

2020年4月1日現在、毎日新型コロナウイルスのニュースで、今日は何人感染しました、いつロックダウンが行われるのか、と流れる日々だ。当然、私のライフワークでもある海外ロケは行われていない。

このようにいつ再開されるかも分からない中での海外ロケ中止というのは、13年間今のお仕事をしてきて初めての経験である。

そして今回のことで改めて、自分にとって海外に行き、その土地の人々、文化、食べ物、自然に触れることがいかに当たり前の日常になっていたのかに気が付いた。というかアフリカであろうと南米であろうと、私にとってはちょっとコンビニに行く感覚にまでなっていたのだろう。だからこそ今回のコロナの影響で人々が地球上を自由に行き来できなくなってしまったことで、距離だけの問題ではなく、海外をとてつもなく遠い場所に感じるのだろう。そんな寂しさもあるし、海外ロケもなくなり自宅での時間も多くなったことで、異国で撮った昔の写真を整理してみた。すると出てくるわ出てくるわの懐かし写真。そりゃ118カ国も行ってるだけのことはあります。

アメリカのロサンゼルスで出会った熊使いランディさんとの一枚。

初めて出会ってからかれこれ4回はお世話になっている。ランディさんはとにかくワイルドだ。自宅の庭のような場所にグリズリーにライオンにトラにピューマを飼っている。そして彼らを手なずけている。そのおかげで私も良いのかどうかはおいといて、かなりの至近距離で彼らと絡めるのだ。

ある時は何の柵もないところでトラと競走し、ある時はランディさんお手製の透明なボックスに入りグリズリーを間近で観察した。間近すぎて途中、グリズリーがボックスに乗っかってきた時は終わったと思った。その瞬間の一枚もばっちし収められていた。

パプアニューギニアで出会ったスケルトンマンの方々との一枚。

体を炭で真っ黒に塗り、白い塗料で骨の模様を描き、頭には草の冠を被り、まさにショッカーのような出で立ちである。そんな摩訶不思議な民族と一緒に、炭で作ったお餅のような主食など、日本では絶対に食べないものを一緒に食べ、共に丸太で急坂を滑り降りるなどして時間を過ごした。

イタリアはサルディーニャ島で一緒に漁をした漁師さんたちとの一枚。

年に一度行われるマッタンツァ。十数もの船でマグロを網で囲い、最後何百というマグロが狭い網の中で暴れ狂う。そこにサルディーニャの漁師たちが飛び込み、素手でマグロを捕まえる。想像していただきたい。2、3メートルはあろう暴れ狂うマグロが密集している通称「死の部屋」に裸一貫で飛び込むのだ。彼らの勇気とたくましさったら。つい先ほどまで「別れた女房が娘を連れてマッタンツァを見に来るんだ」と鼻歌を歌いながら甲板に寝そべっていたとは思えない。そんな光景に動揺し、あわあわしていると、1人の漁師さんが今ならいいぞと私に手招きしている。良いのかどうかは置いといて、珍獣ハンターとしてこんなチャンスは二度とないと覚悟を決め、気がつくと「死の部屋」に飛び込んでいた。ただし限りなく入り口に近い端っこに。そこで無我夢中で、漁師さんたちに手伝ってもらいながら60キロくらいの小ぶりのマグロを捕まえたのだ。

カンボジアで挑戦したサーカスの団員さんとの一枚。

その日のお昼に出会い、一緒に練習をしてそのままその日の夜公演に出演するという無謀なお願いにも、全力でサポートしてくださった。

演目はジャグリングで、色んなスタイルで挑んだ。立て膝の上でのジャグリング、肩の上に立ちジャグリング。ジャグリングと言っているのでたくさんの玉を空中に投げて操る曲芸を想像するかもしれないが、実際私がやったのは3つの玉を操るいわゆるお手玉だ。それでも私にとっては難しく、本番前は緊張のあまりえずいていた。しかも私の前に行われている団員さんたちの芸の素晴らしいこと。10個もの玉を自由自在に操るわ、ものすごいアクロバティックな芸を繰り広げるわ。その後にほぼお手玉を見せる私の気持ちよ。色んな意味で動揺している私が肩に乗ると、私の相棒の団員さんは優しく乗る瞬間に足首をさすってくれた。聴覚障害があって、言葉で伝えることはできなかったのだが、そのさすり方があまりにも優しく、言葉以上のメッセージが込められていて一気にリラックスできた。そのお陰で練習では一回も成功しなかった技が本番で決まった。

他にも、アマゾンや南アフリカで一緒に珍獣ハントしたターザンとの一枚。台湾の股間を鉄の棒で殴られても痛がらないおじさんとの一枚。デンマークでフランスパンを体中に巻きつける芸術をしているアーティストとの一枚。マダガスカルで出会った子供たちとの一枚。そんな写真を眺めながら、少しでも早くまたこんな写真が撮れる日が来ることを願うばかりです。

今よりも世界の状況が良い方向に向かっていますように。一人一人が想像力を持って行動できますように。

後日談

私は人間にとって最も大切なこと、人と人が触れ合うということがコロナによって断たれたと思う。もどかしい毎日ではあるが、新たな触れ合い方を模索するしかないのかな。

わたしの大好きな人

よく大人になってからの友達って尊いよねっていうけど、本当にそうだと思う。

特に芸能界という、本当のことと作り物のことが当たり前に行き来して、凄まじい数の人と出会い、凄まじい速さで時間が流れる世界で友達になるって、とても難しくて尊い。

私にとってのその尊い存在というのは結子さんだ。竹内結子さん、言わずもがな大女優であり、芸能界でも大先輩である。だから本当は友達っていうのは失礼なのかもしれないけど、私は大事な大事な友達だと思っている。

結子さんとは5年前に三谷幸喜さんの舞台『君となら』で初共演させてもらった。しかも姉妹役で私は結子さんの妹を演じた。姉妹という設定に色々疑問を抱くかたもいるかもしれないが、そこは一旦無視します。台詞でいつも「お姉ちゃん」といっていたので、稽古が進むにつれ普段でも自然とお姉ちゃんと呼ぶようになっていた。

この作品が私にとっては初めての舞台だったのだが、意外にも結子さんも初舞台だった。ただ舞台は初めてとはいえ、数々の作品を経験されている結子さん。その安心感たるや、とても心強かった。

本番中、一度、結子さんと私2人だけのシーンで私が台詞をど忘れしたことがあった。もうどうにもこうにも台詞が出てこない。私の脳内メモリーが完全にバグっている。何かいわなきゃと思えば思うほど困った顔しかできない。きっとお客さんにとっては数秒のことかもしれないが、当のわたしゃ永遠に感じた。脳内メモリーを全開で検索し、発した台詞は本来いうべき台詞の3つ後のものだった。しかもその台詞は、お互い今いる場所とは別の立ち位置でいうものだった。

あわわあわわしている私を前に、自慢のお姉ちゃんは上手(かみて)に自然に動き、台詞も合わせてくれた。「さすがです!」と叫びたい気持ちを抑え、私はそそくさと袖にはけた(もちろん段取り上です)。

初めて舞台をしてみて思ったのは、その濃さ。稽古期間を合わせると、ほぼ毎日約4カ月同じメンバーで一つの作品に取り組む。毎日決まった時間に会い、家族を演じる。

いつしか家族がもう一つできたみたいで本当に楽しかった。しかも東京公演では楽屋も一緒。

私が飲みかけのペットボトルをためていくものだから、よくお母さん役の長野里美さんや結子さんに注意されたものだ。そして舞台には地方公演というものもある。大阪、名古屋では毎晩のように結子さんのお部屋に遊びに行きお話をした。その時に感じた居心地の良さが、結子さんを大好きなたくさんの理由の中の一つでもある。

とにかく結子さんはノリが良い。

あんなに美しく上品なのに、お茶目なのだ。お願いしたらノリノリでいろんなことをやってくれる。

大阪のホテルではピタピタのスパッツをはいて、レディー・ガガの曲に合わせてランウェイごっこをする結子。名古屋の巨大ナナちゃん人形のまたを全速力でくぐり抜ける結子。私のラジオにゲストで来てくださり、リスナーのリクエストのまま太眉メイクをする結子。一緒に海外旅行に行ってプールで「押すな押すな押すな」といって3回目でちゃんと落ちてくれる結子。

これ以上いうと営業妨害になりそうなのでこれくらいにしておきます。本当にお茶目で面白くて、一緒にいると楽しく笑顔になれる人なのだ。そしてまた優しい。本当に優しい。

2017年のクリスマスからお正月にかけて、私が南極の最高峰の山を登る時のこと。やはり登山って何度やっても登る前は怖いし、不安だ。そんな私の気持ちをきっと結子さんは察知してくれたのだろう。出発前に美味しい和食の手料理と、現地で少しでも気分が味わえるようにとクリスマス用とお正月用のお手紙をくれた。それから山でも日本の味が味わえるようにと大量のラーメンの差し入れ。そして「期待はしないけど希望は捨てない」という言葉。最後に心から安心できるギューをしてくれた。

その一つ一つの優しさがパワーになり、途中挫けそうな時、前に出せた一歩もたくさんあった。そして無事に山から下りて電波が入った時、一番に連絡したのが結子さんだ。私は安心したのと登頂できたのが嬉しくテンション高めだったのだが、「無事に登れたよ」というと、結子さんは泣いていた。ちょっと照れ臭かったけど本当はすごく嬉しかった。

また私が大好きな安室奈美恵さんと共演できた時も、自分のことのように喜んでくれた。誰かのために涙を流せる人、誰かのために喜べる人は強くて優しいと思う。

私はすんごく嬉しいことがあった時、すんごく悲しいことがあった時、一番に結子さんにいいたくなる。それはきっと結子さんが私以上に喜んでくれ、私以上に悲しんでくれ、時には私以上に怒ってくれるからなのだと思う。

そんな結子さんが友達で本当に良かったなぁと思う。ちなみに私が最近一番嬉しかったことは、大好きな結子さんが大好きな方と幸せになったことです。

結子さん末長くお幸せに。

追伸　私とも遊んでね（笑）。

後日談

たくさん遊んでくれてありがとう。たくさん美味しいものを作ってくれてありがとう。たくさん想いやってくれてありがとう。たくさん楽しい未来を想像させてくれてありがとう。

これからもずっとずっと永遠に大切な友達でいてください。

結子さんを心から愛してます。

わたしの新しい家族

昨年末に結婚して、私は33年間名乗ってきた井本から石﨑という姓に変わった。もちろん仕事をする上ではイモトアヤコでやるわけで、急に珍獣ハンターイモトから珍獣ハンターイシザキになるわけでもないので、あまり変わった感じはしない。ただ運転免許証や保険証は石﨑に変わったので、役所で「石﨑さん」と呼ばれるたびにこそばゆい感じがする。

昨年末、夕飯にすき焼きを作ろうと白菜を切っていた時のこと。思いっきり白菜と一緒に自分の人差し指をスパッといってしまったことがあった。大袈裟な私は血相を変えて近所の病院に駆け込んだ。結果、縫うまではいかず、大きめの絆創膏を貼ってもらい、忙しいお医者さんには本当に申し訳ないことになった。

ただ、その時もらったお薬袋の「石﨑絢子」という文字を見て、改めて自分は結婚したんだなぁと感じるとともに、なぜか昔、飼ってた犬を病院に連れて行き、もらったお薬袋に「井本ぽん子」と書いてあった時に感じた、なんとも言えない違和感とほっこり具合とこそばゆさを思い出した。

結婚して名字が変わることに関しては様々な意見があると思うが、しばらくはこのこそばゆさもふくめて楽しんでみようかなと今は思っている。

名前以外にも、結婚して変わったことはある。

何よりも嬉しかったのは新しい家族ができたことだ。夫の石﨑さんに、お父さんにお母さんにお姉さんが2人。石﨑家に仲間入りさせてもらった。

初めて石﨑家の皆さんと会う時、私はめちゃくちゃ緊張していた。そりゃそうだ。初対面だし、職業もふくめてどういう風に受け止められるのだろうかと、とても不安だった。

そして何よりかにより緊張したのが、私がサプライズ登場するという夫の変な演出のせいであった。私としては事前に「イモト」だということは言っといてほしかったのだ。自分で言うのもなんだが、いきなりイモトが現れたらそれはそれで驚くのではないかと。しかも結婚相手。

何度も夫にサプライズは勘弁してくれと言ったのだが、「絶対大丈夫だから」の一点ばりで聞く耳持たず。しかもセーラー服でも太眉でもないわけだから、まずイモトって気付かれなかったらどうしようなどと、玄関のドアの前で一人悶々としていた。

そんなこんなでついにその時がきた。

カメラは一切回ってないが異様な緊張感の中、オンとオフの狭間くらいのテンションで「こんにちは」と恐る恐る登場した。

目の前にお父さんとお母さんとお姉さんが2人と、ニヤニヤしている夫。皆さん驚いていた。

そして勘違いかもしれないが、喜んでくれている気がする。その様子に先ほどまでガチガチだった体が一気にほぐれた。

そこから石﨑家の自己紹介が始まったのだが、2番目のお姉さんの時だ。なぜかお姉さんが泣いているではないか。

私はまた一気に緊張した。大事な弟の結婚相手がイモトでよほど嫌だったのではないか。どうしようかと思っていると、お姉さんが「ここに来る前に、紹介されるのがイモトだったらいいのになぁと思っていたら本当にそうだったから、嬉しくて」と。その言葉がめちゃくちゃ嬉しかった。

テレビで虫を食べる嫁、テレビで鼻水垂らしながら泣く嫁、月の半分家にいない嫁、色んな不安はあったけど、石﨑家の皆さんの優しい言葉とお姉さんの涙に、ディレクターの夫とともに今までやってきたことも肯定してもらえているような気がして、とても嬉しかったのだ。

今年のお正月も一緒に過ごした。

元日に近くのお寺に初詣にいき、おみくじを引いたらほぼ全員凶だった。お団子を買って、帰りになんの変哲もない駐車場で集合写真を撮った。

家に着き、お母さんの作ったお雑煮を頂き、「何かお手伝いしましょうか」とホームドラマのようなセリフも言ってみた。

夕飯の後はみんなで家族アルバムを見ながら団欒。赤ちゃんの夫を抱っこするお母さんがあまりにも今の夫にそっくりで、その写真を見てしばらく笑い転げた。性別を超えた奇跡のＤＮＡを目の当たりにした。

夜寝る時は、お母さんのパジャマをお借りして、信じられないくらいぐっすり爆睡した。

２年前までは会ったこともなかったのに、今こうして同じ姓を名乗り、家族の一員として過ごしているのがとても不思議でとても心地がよい。なんだか心強い味方ができたような感覚だ。

物知りで、帽子やベストを着こなす粋な一家の主人であるお父さん、料理上手でネットニュースに詳しい優しいお母さん、美容に詳しく、小柄だけど何かあったら守ってくれそうな長女のお姉さん、初めて会った時、泣いて喜んでくれた聞き上手、フォロー上手な次女のお姉さん。

至らないところもたくさんある私ですが、これからどうぞ宜しくお願いいたします。

毎年お正月は、家族みんなで奇跡のＤＮＡ写真を見て笑い合えますように。

後日談

先日、初めて私1人で石﨑家に遊びに行った。少しドキドキしたが、みんな優しくすぐに実家のような居心地に変わった。お母さんと一緒に畑に行き、大量の夏野菜をもらった。

今年の貴重な夏の思い出です。

わたしの夫

「この人は絶対に信用ならん」

これが私の、石崎さんに対する第一印象だ。

はじめて会ったのは、13年前の珍獣ハンターオーディション。芸歴1年目の私にとってほぼ初めてのテレビ番組のオーディション。気合入れて、自称抱腹絶倒であろうネタを全力で披露。

目の前に座っているディレクターの石崎さんはくすりともせず、感情のない「ありがとうございました」を言い放った。絶対に落ちたと確信した。

その後矢継ぎ早に、野宿は何泊行けるだの、ネズミは食えるかだの、よく分からない質問をされたのだが、ネタが滑った私はもはや上の空。最後、陸上部で足が速かったという話に異常に食いつかれたなぁという感想くらいで、自分自身手応えは全くなかった。

その後なぜか最終オーディションに残り、50メートル走で1着になり、気がついたらインドネシアのコモド島に石崎さんと一緒に行っていた。そこから13年の付き合いになるのだ。後々話を聞くと、足が速かったこと、人の話を聞くときの顔が面白かったのが決め手だったらしい。人生分からないものである。

右も左も分からない私は、初めての海外でコモドドラゴンという化け物のようなトカゲと仕事することになった。

テレビカメラの前でリポートすることも初めての私に、石崎さんは「イモトの腰に生肉をぶら下げてコモドドラゴンに追いかけさせよう」と言い始めた。

私はその瞬間終わったと思った。こんなわけのわからん島でヤギを一匹丸呑みするような大トカゲ相手にすることとじゃない。わたしゃこの島に葬られる。万が一食われたら、なかったことにされる。もはや言い出しっぺの石崎さんに憎悪しかなかった。こいつがこんなことさえ言わなければ……あまりの恐怖に、本番前、私はトイレに籠って泣いていた。

ただ何もかも初めての私はピンマイクの存在を知らず、トイレでシクシク泣いていたことも全部聞かれていたらしい。だからと言ってかわいそうだからやめようとはならず、粛々と腰に生肉がくくりつけられ、コモドドラゴンが来るのを待つことになった。結果、このコモドドラゴンとの競走で私の人生は変わった。

あの時石﨑さんが馬鹿みたいなことを言わなければ、泣いている私に同情してやめていれば、きっと今の私はいない。珍獣ハンターになったのだ。

実は放送はされなかったのだが、何度かコモドドラゴンとの競走のチャンスがあった。一度後ろを振り返った時、3匹のコモドドラゴンが私のほうに迫っていたのだ。びっくり慄(おのの)いた私は石﨑さんのGOを待たずにとっさに逃げてしまった。

その時だ。「まだだー!」ととんでもなく怒られた。今なら分かる。それがどれだけおいしいかということが、もったいなかったかということが。

そして初めて自分が出て編集されたものを見た時、石﨑さんの珍獣ハンターに対する愛を感じた。それはその後、色んな国で色んな山で感じることが出来た。その愛のおかげで、たくさんの人に知ってもらえ応援してもらえるようになった。

この13年で色んな石﨑さんを見ること、知ることが出来た。とにかくバッタが大の苦手な石﨑さん。パパラッチ企画で私より先にヒュー・ジャックマンとツーショットを撮る石﨑さん。台湾の伝統漁にふんどし一丁で参加する石﨑さん。マッターホルンの山頂に、ヘリコプターに乗り短パン姿で現れる石﨑さん。キリマンジャロの山頂で誰よりも先に泣き「不思議だね」と謎の言葉を残す石﨑さん。

画面ではダメなところばかりが映っているが、本当は誰よりも頼もしい。海外ロケでは予定通りにいかなくなってしまうことが多いのだが、石﨑さんは臨機応変に対応してくれる。山男たちからの信頼も厚いし、現場でADさんに声を荒げているのを見たことがない。いつも飄々としていて一見何を考えているか分かりづらいけど、本当はすごく人のことを想っていて、自分が関わっているお仕事やその仲間のことを心から愛している人だと私は思う。

13年前に3匹のコモドドラゴンで怒られて以来一度も怒られた事はなかったのだが、この前結婚して初めて、13年ぶりに怒られることがあった。自粛期間中のことだ。

私は基本的にお仕事がなく、ずっと家に居た。夫の石﨑さんは仕事で会社に行かなければならなかった。きっと仕事がある石﨑さんが羨ましかったのだろう。

イライラしていた私は、朝からこんな時期に外に仕事に行くこと、無理をしてバラエティ番組を作ることに怒っていた。自分がテレビの人間であることをめちゃめちゃ棚に上げて、本末転倒なことをぶつけていた。

最初は淡々とそうだよねと聞いてくれていたが、家を出る直前に、わたしがテレビを作っている人のことを悪くいう言い方をした。その時だった。めちゃくちゃ怒られた。自分のことというよりは、その言葉は一生懸命番組を作っている仲間のためのものだった。

こんな時期だから、できれば外に出たくないけど、少しでも見ている人に楽しんでもらいたいという人たちを間近で見ている石﨑さん。その人たちの想いをふみにじる言葉は我慢できなかったのだ。

「じゃあもう一生テレビは見るな」という言葉にヒートアップしている私は、「一生テレビ見ない」と家中のテレビのコンセントを抜いた。

一人になり、冷静になった私はそそくさとコンセントをさし、夕方には『news every.』を見ていた。

こんな私ですが、今後とも「どうぞよろしくね」。

やらかし年表

幼い頃から私は何かとやらかし気味だった。

大きなやらかしと言うよりは自分でしか気づかないくらいの小さな小さなものだ。

ただ最近思うのは人は何かやらかした時に本当の自分と出会うものだ。小さな頃から定期的にやらかしその度に本当の自分と対峙し落胆してきた。

そのやらかしを消化できる唯一の方法は時間経過だと思う。

現在34歳。大分時間も流れ、過去のやらかし達を消化できる時がきたのではないかと思う。

この場を借りて私の過去の愛おしいやらかし達を笑いに昇華できるよう祈って読んでもらいたい。

迷子の迷子のアヤコちゃん

幼い頃から好奇心旺盛だった私は、とにかくまあ迷子になりがちだった。

鳥取の地元の祭りでは、毎年必ず迷子。自分でも気をつけなきゃと分かってはいるのだが、そう思う3秒後に興味が湧くクジ屋さんを見つけてしまう。そして気が付きゃ親の姿を見失ってるのだ。親も大変だったと思う。それでも地元の小さな祭りだし、年齢も就学前なので、すぐに迷子だと認識され迷子テントに連れていかれ、数分後には両親と落ち合うことができた。

そんな私が人生最大の迷子を経験したのが、小学6年生の夏だった。

井本家は毎年夏休みに、父と母と私と妹の4人で家族旅行をする習慣があった。その年の夏は私が小学生最後の旅ということで私が憧れている東京へ、しかも大好きなディズニーランドへの旅行だった。もうその時点で私の興奮度はＭＡＸ。迷子へのカウントダウンは始まっていた。

ディズニーランドは小学校1年生の時にも行ったことがあり、5年ぶり2回目なのに、なぜか当時の私はディズニーランド上級者気取り。そんなすでに半分迷子のような状況で私たち一家は夢の国へ。

入った瞬間から、もうそれはそれは楽しい世界が広がっていた。キャラクター達と写真を撮ったり、スプラッシュ・マウンテンに乗ったりと幸せな時間を過ごした。ディズニーランドに行った子供が必ず思う「ここに住みたい」。私も強くそう思った。

たくさん遊び、昼ごはんを食べようとお店を探している時だった。ちょうどホーンテッドマンションというアトラクションの前を歩いていた。ディズニーランドでよく見かける小さなワゴンの店。夏だったので、そこに首に掛ける用の小型扇風機が売っていた。「わあ可愛いな。暑いし今これあったら便利だろうな。いくらだろう。買おうかな。むむ、意外に高いな。やっぱりやめておくか」と顔をあげた瞬間、もうそこには父も母も妹もいなかった。

内心めちゃくちゃ焦ったが、少し待っていればすぐにきてくれるだろうとタカを括っていた。しかし待てど暮らせど一向に現れない。さっきまで「ここに住みたい」と思っていたのに、もはや「一刻も早くここから抜け出したい」とまで思いだした。

あたりを見渡すと物凄い人人人。そりゃそうだ。夏休みのディズニーランド。鳥取の祭りとはわけが違う。しかも私は小学6年生。側(はた)からみて迷子だとは思われにくい。どうしようかと焦り、一番やってはいけない、その場を離れ家族を探す旅に出てしまった。

今なら携帯電話ですぐに連絡したり、GPSなどで探すこともできるかもしれないが、当時はそんなものはないので勘で動くしかない。その勘は外れまくり、全く家族と再会できない。そうなってくるとどんどん気持ちがマイナス思考になり、その当時都市伝説でよく言われていた、ディズニーランドで迷子になった子供が誘拐されて東南アジアで臓器を売られるという、最悪の事態しか想像できなくなってしまうのだ。

私は焦る一方であった。しかもめんどうくさい事に小学6年というとちょうど自意識が芽生え始めた頃で、それは6年生で迷子とか超ダサくない？　というイキり始めでもあるのだ。

今思うとどう考えても迷子なんだから、ダサくてもなんでも、いかにも迷子ですアピールをして助けてもらうのが先決なはずだが、当時のアヤコちゃんはおすまし顔で、逆に迷子ということがバレないように別のワゴンの店の商品を選ぶフリをしていたのだ。

そんなこんなでかれこれ1時間。もうどうにもこうにもお手上げ状態になり、自ら「私迷子なんですけど」とキャストのお姉さんに自首しようとしたその時だった。「アヤコーーーーーーー」という叫び声と共に母が走ってきた。

正直、心の中では「おかぁさぁん」と泣いて飛びつきたかったが、小6にもなって迷子になってしまったという恥ずかしさとイキりから、「ちょっとこれ見ていただけだから」と格好つけてしまった。

その瞬間、母に思いっきりぶん殴られた。

痛かったのと嬉しかったのと安心したのとで、堰を切ったように泣いた。

その後も泣き続け、不思議の国のアリスをモチーフにした食堂で遅くなったお昼ご飯を食べたのだが、涙でしょっぱい味しかしなかった。

それ以降たぶん迷子にはなっていない。たぶん……。

苦手な全校集会

私は学校時代、とにかく全校集会というものが苦手であった。

その理由というのが少々恥ずかしい。体育館にみんながギュウギュウになると必然的に体育座りになる。体育座りをしばらく続けていると、何故だか私はとてつもなくオナラをしたくなる。そしてオナラを我慢してると、挙げ句の果てには便意をもよおす。最後の10分くらいになってくると変な汗をかきはじめる。これが私の全校集会ルーティーンだ。

もちろん今なら、便意を感じた時点で先生に言ってトイレに行けばいいと思うのだが、小中学生の女子にとってそんなことは絶対に許されない。クラスの子だけならまだしも、全校生徒に注目され、トイレなんだなぁと予測され、戻ってくる時間によっては「大じゃない」などと噂される事になる。全校集会で席を立つなど絶対にあってはならないのだ。

なもんで、私にとって月1回の全校集会はどの授業よりも苦手な1時間であったのだ。ただ、中学生くらいにもなってくると大分なれてきて、校長先生の話をクリアすると先が見えてきて、最後校歌を歌う時にバレないようにオナラをして逃すという技まであみだせるようになっていた。

そんな少し油断していたある日のこと。いつものように1時間目の授業を待っている

と、担任の先生がものすごい剣幕で入ってきて、

「今から全員体育館に集まれ。緊急で学年集会するぞ」

と言った。

私は一瞬頭が真っ白になった。

何があったのか、なんの学年集会なのか、も気になるが、そんなことより私の腸は大丈夫か、が一番に気になっていた。

周りを見渡すと、どちらかというとみんな授業がなくなった事に喜んでいて、ラッキーなどとほざいている男子もいるではないか。おそらくこの時、これほどまでに深刻な顔をしていたのは私だけだと思う。

急だったもんで事前にトイレに行く余裕などもなく、あれよあれよといううちに体育館で体育座りをしていた。すると学校で一番怖いと言われている体育の学年主任の先生が前に立ち、緊急で学年集会を行う事になった経緯を話し出した。ある1人の生徒が、とあることをきっかけにすごく傷つき学校に来られなくなってしまった、という内容だった。この問題はみんなで共有して解決していきたい、という学年主任からの話だった。

もちろん話を聞いた時、当時の私は心が痛んだ。腸のこともすっかり忘れ、自分には

何ができるのだろうと自問自答し、考えた。考えていた……本当に考えていた……その時だった。奴が暴れ出したのだ。

体育座りの体勢のせいなのか腸にガスが溜まり、爆発音を鳴らしたがっている。何度も何度も呼吸を整え、音が出ないように空気だけを外に出すという作業に集中した。全校集会であればそろそろ校歌の時間で思いっきり出せるのだが、今日は緊急の学年集会。そもそも校歌の時間などないのだ。

ガスを我慢しすぎたためか次は便意が襲ってきた。さすがルーティーン。ちゃんと順番通りにやってくる。褒めている場合ではない。便意がきたということはいよいよなのだ。学年主任もどんどんヒートアップしている。先生に言おうにも、手をあげて言える状態ではない。とにかくどうにか脳を勘違いさせようと、学年主任の話に集中してみる事にした。

その方法とは、穴が開くくらい学年主任の目ん玉を凝視するというもの。とにかく見るのだ。そうしているとだんだんと学年主任の目ん玉以外はぼやけて、超集中状態になる。そして自ずと便意までも感じなくなった。

その代わり、ほぼ話は何も入ってこない。音すら聞こえない静寂の時間だ。本当に本当に申し訳ないが、便意から逃れるために私は色んな問題からも逃げた。

そんな究極の状態で耐え忍んだ時間。いよいよ終わりの空気が流れたその時だった。学年主任がまたもやすごい剣幕で怒り始めたのだ。ハッと我に返った私が耳にした言葉が、

「本当にどいつもこいつも俺が真剣に話しているのに、途中寝てる奴、横の奴と喋ってる奴、手悪さをしてる奴、ちゃんと真剣に聞いてたのは井本くらいだ。井本だけは俺の目をじっと見て聞いてくれてたぞ」

というものだった。

恥ずかしさと申し訳なさでひっくりかえりそうになった。

わたしゃただ便意を我慢することのみに集中し、先生の話なぞほぼ聞いてなかったです、とは絶対に言えず、ただただ過大すぎる評価を受け入れた。

なんでしょう、その頃から私はピンチの時ほど、結果、なんだかんだでうまくいく、という体質になった気がする。思っていた方向ではないけど、一生懸命今を生きていれば何とかなる、という教訓を中学2年生の時に知りました。

初めてのネタ見せ

大学2年生の時に今の事務所であるワタナベエンターテインメントの養成所に通い、1年間ダンスやらお芝居やらネタ作りなどを学び、大学3年生の19歳のとき晴れて事務所に所属した。

当時、養成所は恵比寿にあり、事務所は表参道。基本的に養成所生の時は事務所にいくことはないので、所属して初めてのネタ見せが初めて事務所に行く機会となった。

毎月事務所主催のお笑いライブがあり、若手の芸人はネタ見せをして選ばれし者だけがそのライブに出られるというシステムだった。一括りに若手と言っても、養成所出立ての私は超ウルトラスーパー若手で、先輩芸人やマネージャーさんに名前も知られてない存在。話せるような知り合いは同期で入った3組だけ。かなりアウェーの状態で初めてのネタ見せに乗り込んだ。

鳥取の芋っこからしたら恵比寿でも十二分に緊張する街なのだが、戦う場所は表参道。もう街からしてすでに飲み込まれ気味であった。当日あまりの緊張に、事務所に1時間前に到着。まだ入ることも怖かったので、近くの公園でネタの練習をする事にした。この行動がのちにとんでもない悲劇を起こす事になろうとはまだ知らず、「好きな男の家に行き、妄想し勘違いをする女」の1人コントをせっせと練習していた。

30分ほど練習し、ちょうど良い時間になったので事務所に向かった。ネタ見せ場所は6階だったのだが、なんとなくエレベーターを使うのが気が引けて階段で上がった。6階に着くと先輩芸人の方やネタを見てくださる作家さんやマネージャーさんがいらっしゃり、一気に緊張が襲ってきた。みんなで床に座り、先輩から順番にネタ見せが始まる。私や同期の芸人たちはなるべく隅の方に座り、大人しく先輩のネタを見て勉強させてもらっていた。順調に進みネタ見せも終盤、その時だった。とある先輩がいきなり、「なんか、この部屋う○こ臭くね⁇」と言い出したのだ。

確かに私もさっきからなんか牧場のような香りがするなぁとは感じていた。その先輩の発言で一気に場がざわつき出した。皆が「臭い臭い」と騒ぎ始めたのだ。

私も乗っかるように「臭い臭い」と言い、ふと自分の履いている靴の裏を見た。なんと私の靴の裏に、ベッタリと何かのう○こがついているではないか。これぞ青天の霹靂である。

何度見ても同じ光景。夢であってくれと祈ったが、まぎれもない現実が靴底にある。今この場を騒がせている、臭いの根元はここだ。パニクりながらも記憶を辿っていくと、ネタの練習をした公園にたどり着いた。あそこだ。確実にあの公園だ。大々的に練習するのが恥ずかしかったので草むらに行って練習をしたのだ。そこでおそらく犬の糞を踏んでしまい、そのまま事務所に来てしまった。しかもあろうことか階段で6階まで来てしまっている。ていうことは……ひっくり返りそうになった。

この場を収めるには、もちろん臭いの元は私ですと正直に言い謝ることだ。分かっている。そんなことは十二分に分かっている。芸人なのだから、もしかしたら笑いになるかもしれない。おいしくなるかもしれない。

と、頭の中で何度も手をあげてはおろしてを繰り返していたその時だった。またとある先輩がいきなり、

「すみ姉じゃない？」

と言った。

すみ姉とは事務所の大先輩、にしおかすみこさんのこと。私が犯した罪が、にしおかさんのせいにされそうになっている。事態は急激に悪化したのだ。

気が付きゃにしおかさんは「私じゃなぁぁぃ」と泣き叫んでいる。

本当にそうなのだ。イモトなのだ。イモトのせいなのだ。にしおかさんは完全なる濡れ衣。それを今すぐいうんだ！　何度脳から指令が来ても、それをいうことができなかった。

結果、ネタ見せ中には自分で手をあげ言うことができなかった。というよりしなかったのだ。隠ぺいしてしまったのだ。

許されることではないし、本当に本当ににしおかさんには申し訳ない気持ちでいっぱいだった。

全て終わって会場の片付けをしていた時、その場にいたマネージャーさんと同期に、さっきの臭いの原因は私ですと告白した。めちゃくちゃ怒られた。

「なんでさっき言わなかったの⁈」

本当にその通りだ。なんでさっき言わなかったのだろう。あまりにも情けなく泣けてきた。

そして泣きながら、自分が汚した場所を拭き続けた。6階までの階段を一段ずつ拭きながら猛省した。何か失敗したり、やってしまった時はすぐに認めて謝る。そんな当たり前のことを19歳の私は出来ずに、人を傷つけてしまった。

今は改装されて新しくなっているが、やはり未だに事務所に行くたびにあの時のことを思い出す。私にとっては苦い思い出の地であり、また初心に戻れる場所でもある。そしてにしおかすみこさん、本当に本当に申し訳ありませんでした。

隠ぺい癖

ネタ見せ事件であんだけ猛省したのに、時が経っても私の隠ぺい癖は事あるごとにちょこちょこ出てきてしまう。

数年前、『イッテQ!』のロケでオーストリアに行った時の事だ。クランプスというヨーロッパ版のナマハゲのような怪物を取材させてもらった。怪物といっても、鬼の面を被った人間が冬の夜の街を練り歩き、悪いことをしている子供はいないかと盛り上げる祭りのようなイベントである。

クランプスの衣装やお面があまりにも精巧で完成度が高いので、子供達は本気で泣き叫ぶ。それもそのはず、聞くとそのお面は一点もので、何百年も代々受け継がれてきた大切なものなのだ。

ロケは私も一緒にクランプスになりきり、地元の子供達を驚かせるといった内容であった。私はクランプスの衣装を身に纏い、お借りしたお面を被ろうとした。その時だった。被ろうとしたお面が思った以上に重く、そのまま床に落としてしまったのだ。そして慌てて拾い上げたのだが、クランプスの最大の特徴であるでっかい角が折れていた。

その瞬間、自分でも耳を疑うような文言を発してしまった。

「隠そう隠そう」

そう、あろうことか私はまたしても隠ぺいしようとしたのだ。絶対にバレるのに。その場にはお面を貸してくれた現地の方はおらず、日本人クルーだけ。すかさず当時のディレクター、現在は夫でもある石﨑さんが「お前最低だな」と。

本当に最低である。そんな最低な私を見ていてよく結婚してくれたと、今更ながら感謝である。しかも折れた角を現地の子供達に持っていかれ、その子たちが持ち主に言うという最悪の状態でバレた。

現地の方に謝りに行くと、代々伝わる一点もののお面を落とし、それを隠ぺいしようとした異国の太い眉毛の女に、その方は優しい笑顔で「Don't care」と言ってくれたのだ。自分のどうしようもなさは一旦置いて、オーストリアの方の懐の深さを肌で感じた師走。

私がやらかした一部始終はしっかりとカメラに記録されており、しっかりとその様子を放送されました。

いい人キャンペーン

私は昔からいい人に思われたいという願望がある。

特に今のようなお仕事をやり始めてからは尚更だ。いわゆる好感度というものを気にするし、恥ずかしげもなくいうと好感度が欲しい。なのでどうしても、昔からいい人になろうとしてしまう自分がいる。そんな状態の自分のことを「いい人キャンペーン」と題して、たまに俯瞰で見ている自分がいる。

少し前にもこんなことがあった。

南アフリカにロケに行った時のこと。ライオンやチーターなどを飼っているルークさんという方に会いに行った。飼っていると言ってもそこは南アフリカ。信じられない広大なサバンナに、なるべく自然に近い形で動物たちを放し飼いにしていらっしゃった。そこで私は、ライオンの嗅覚の凄さを見せる実験で臭い靴下を嗅いでもらったり、カラカルのジャンプ力の高さを見せる実験など、ルークさん協力のもとロケを進めていた。普段はロケの合間など日本人のスタッフさんと喋ったりしていることが多く、現地の方とは通訳さんを通してたまにお話しするくらいである。

だがルークさんが我々にこんな話を始めたのだ。ここにはよく動物を扱う撮影で、いろんな芸能の方が来ると。

あるハリウッドスターはまあ最低やろうだった、あるテレビタレントはただの腰抜けやろうだったと、出るわ出るわの海外有名人たちの悪評。しかもめちゃくちゃ口が悪い。最初は笑いながら聞いていたのだが、段々と立場上笑えなくなってきた。すると散々悪口を言った後、

「ただ日本からきたあの女優だけは素晴らしくいい人だった」

なぬ！　こんな厳しい方がこんなに褒める日本の女優さんとは、一体誰なんだろう。色々なことを聞いた結果、その女優さんとは「満島ひかり」さんだった。元々すごく好きな方だったので、ルークさんのお話を聞いてさらに大好きになった。ルークさん曰く、我々現地のスタッフにも分け隔てなく接してくれ、動物ともすぐに仲良くなり、人として素晴らしい方だと大絶賛である。

それを聞き、すごく誇らしい気持ちとともに、ある感情も生まれてしまった。私もルークさんにいい人と思われたい。それを別の方に言いふらして欲しい。ヘタこくと悪評が全世界に広まる恐れもある。日本からきたセーラー服の太い眉毛の女は最低やろうだった、なんて言われた日にゃ、特徴からして私しかいない。恐ろしすぎる。いい人キャンペーン発動である。

その日、私は片言の英語で現地の方と必死にコミュニケーションをとり、片言の英語でルークさんをヨイショした。多分こういうことではないなと思いながらも、大袈裟なｎｉｃｅとｇｏｏｄを繰り返した。きっと満島ひかりさんは意識してやったことではない。本当にいい人はキャンペーンなどすることなく自然体なのであろう。

そういう人に私はなりたい。

神頼み

どうしても踏み出したい一歩が出ないとき、私は昔から神様に決めてもらうことにしている。

おばあちゃんっ子だった私は何かにつけて、「バチが当たる」「親の死に目に会えない」などという言葉を信じ、守ってきた。未だに霊柩車を見ると反射的に親指を隠してしまう。神社仏閣の類も好きで、御朱印帳までは持ってないが、どこかに行けばまずはその土地の神社にお参りし、必ずおみくじを引いて一喜一憂するという感じだ。

兎にも角にも信じるものは救われると心から思い、目に見えないものを信じられる大人でありたいと思っている。決して怪しいものではございません（笑）。

そんな私が好きな人に想いを伝えようとした時のこと。

元々夫の石崎さんは、10年以上世界各国をともに冒険していた番組ディレクター。多いときには1年の半分以上を一緒に海外で過ごしてきた。ただ日本にいるときにプライベートで会う事は全くなかった。これをいうとよく驚かれるのだが、本当に2人でご飯を食べに行くだの、メールをするだのは一切なかったのだ。

そんな関係が当たり前の相手に、好いているという想いを伝えるときの勇気ったらありゃしない。まずどう伝えればいいのか。どうやって誘えばよいのか。場所はどうするのか。思いたったが吉日の私でも、流石にその日には行動できず、珍しく、うじうじしていた。

親しい友人に相談したり、ああでもないこうでもないと、我ながら恋する乙女になっていた。普通だったら、何回か食事に行って関係性を深めてから想いを伝えるというのが教科書通りだとは思うのだが、猪突猛進の私は最初の食事の時に想いの全てを伝えようと思っていた。

問題はその食事の誘い方だ。今まで10年以上一緒にいて、一度も食事なんぞ誘ったこともなければ誘われたこともない。急に「ご飯でも行きませんか」なんて不自然すぎるし怪しすぎる。こんなことなら以前から定期的にお疲れ様会を開くようなオンナでいれば良かったと、酷く後悔した。

ただのご飯だと不自然すぎるので結果、「相談したいことがあるので食事がてら時間をいただけませんか」という作戦にした。誘う口実はできた。後は連絡をするだけだ。

しかしその連絡するという行為がとんでもなく勇気が必要だった。怖かった。正直バンジー飛ぶ前くらいドキドキした。こちらが一歩踏み出さない限りは永遠に想いは伝わらないし、伝わった先の未来は訪れない。分かってはいるのだがなかなか踏み出せない。どうなるか分からないし、成功確率もわからない、けどなんでもいいから何か確証が欲しいのだ。その確証を得るために私は近所の神社に行った。

そしておみくじを引いた。ここで大吉が出れば絶対に大丈夫だと自分に言い聞かせ、慎重に引いたのだが、結果は小吉。縁談の欄も微妙なお言葉。

「やっぱりダメか。とりあえず今日は神様も味方してくれないしやめておこう……」

とはならず、私は次の神社に向かった。

こうなったら大吉が出るまでひけばいいんだ。運命は自分で変えられる。縁は自分自身で摑むのだと、鼻息荒く都内の神社を回った。

しかしなかなか大吉が出ない……しかしこの日の私は諦めない。都内がダメなら越境すればいいと、なんと鶴岡八幡宮まで足を延ばした。自分でもその執念にびっくりした。そしてついに激混みの鶴岡八幡宮のおみくじを引くと、大吉が出たのだ。

しかも縁談の欄には、「いまだ行け」。

すぐさまその場で石崎さんにお誘いメールをした。だいぶ強引ではあるが、私は神様からの確証を得た。

そのおかげで一歩踏み出す勇気が出たのだ。そして無事に食事に行くことができ、その日にその場で気持ちを伝えることもできた。

自分が不安なときほど何かにすがりたくなるが、すがるためにも自分自身で行動することが大切で、すがるといっても結構体力はいるのだ。

今は電話でもメールでも相手に気持ちを伝えることはできるが、おばあちゃんっ子の私はやはり恋心はふみで伝えた方がいいと、ラブレターを書いた。と同時に、想いを伝える時は相手の目を見て話すという、これまた昔おばあちゃんから教えてもらったことを守るため、石崎さんの前でラブレターを朗読するという、なんとも斬新な告白をしてしまった……。

あとがき

ちょいと変てこなタイトルの『棚からつぶ貝』を手にとって読んでいただき、ありがとうございました。

意味不明なタイトルだと思われた方がほとんどだと思います。私は自分の人生が、ことわざでいうところの「棚からぼた餅」みたいな人生だと感じております。

自分自身に何かとてつもない才能があるとは1つも思ってなく、けれど今回書かせてもらった周りの人に恵まれ助けられ、どうにかこうにか芸能界という世界で生きております。

ただ1つだけ自分自身に誇れることは、とりあえず「棚」までは自分で行ってみたことです。

「棚ぼた」って何にもせずにたまたま良いものを得るというイメージがあると思いますが、ぼた餅を受け取るにも、まずは棚までは行かなければ餅があることにすら気付かないんじゃないかと、あるときふと気付いたんです。

そして自分だったら、棚から何が落ちてきたら嬉しいのか。

出た答えは「つぶ貝」でした（笑）。

そういうわけで、『棚からつぶ貝』というタイトルにしてみました。

私にとっての棚は、お笑い養成所の申し込みをする電話であり、バンジージャンプの前のハーネスを付ける事であり、雑誌の対談で三谷（幸喜）さんに「舞台に出たい」と言ってみることであり、食事会で結子さんの隣に座ってみる事であり、登山中しんどくなった時にみんなの前で辛いと大きな声で泣き叫ぶ事であり、好きな人に思いを伝える時に大吉が出るまでおみくじを引きつづける事なのです。

もちろん棚まで行ったけど、何も出てこなかった事もたくさんあります。けれど、行かないことには何も起こりません。

行ってみると、思っていたものとは違うけど別のものに出会ったり、素敵な人に助けられたり、気がつくと元々欲しかったもののことは忘れて、自分が出会ったものや人を大好きになってるんです。

そうやってとりあえずは34年間生きてきました。

今回書かせていただいた方、今回は書けなかったけど今まで出会ってきた方、とにかく私の周りの方は本当に本当に最高でしょって事が、今回声を大にして言いたかったのです。

そして最後まで読んでくださった皆さま、心からありがとうございました。

これからも踏ん張って、自分らしく生き抜いていこうと思いますので、宜しくお願い致します。

文庫版あとがき

単行本が刊行されて三年、この文庫版あとがきを書くにあたり、あらためて本書を読んで思った。

本当にわたしは人に恵まれている。

振り返ればここ数年、環境の変化について行くのが精一杯だった。

仕事ではコロナという未知すぎるウイルスによって、それまで当たり前に行われていた海外ロケがストップした。当たり前のように会っていたコーディネーターさん達にも会えなくなり、近いと思っていた世界がこれほどまでにも遠く感じたのは、昔漠然と地球儀を見ていた小学生のとき以来だった。

一方、プライベートでは妊娠、出産、そしてそれに伴う「ホルモンダイビング」を経験し、スカイダイビングより激しいと感じられるほどの高低差を感情が激しく波打って何度も自分を見失いそうになった。世の中のお母さん達がこれを経験したのかと思うと、もう尊敬の念でひっくり返りそうになる。

なんていうのだろう。

わたしは今まで特殊なお仕事のおかげで、猛獣と競走したり、８０００メートル級の山に登ったりと、いわば「見た目」的にも派手に分かりやすく頑張っている様子をお茶の間の皆さんに見て頂いてきた。もちろんロケは過酷だったので、決して簡単にはいかなかったし、体力的にも精神的にもしんどかった。

けれどそのしんどさと同等、いやそれ以上の「頑張った」「凄い」という褒めリアクションを頂いた。

わたしはすこぶる単純だ。それだけで気分はよくなり、数カ月後には辛かった思い出を忘れ、もう二度と登らないと思った山をなぜかまた登っているのだ。しかし妊娠、出産、育児。このヒマラヤ級の「母親山」に登ってみて思ったのは、

みんなリアクションうすーーーーーーーっ！

比べるもんじゃないけど、出産や育児はマナスル登頂に匹敵するほど困難な道のりで、生活がしっちゃかめっちゃかになってしまった。でも、特別、感謝されたり褒められた

りしない。

おそらくわたしは今まで褒めリアクションの温室で甘やかされてきたのだ、と産後半年くらい経ったときにようやく冷静に分析できた。

しかし、なにはともあれ目の前に現れてくれた我が息子は心底愛おしい。私は帝王切開での出産で、しかもなぜか局部麻酔が効かず、全身麻酔で意識のないまま産んだのだが、目が覚めた私の前に現れた息子は絶対的に私の息子だと一瞬で確信できるほどだった。なんだろう、お互いの見えない絆のようなものを感じた。

人はびっくりするくらい嬉しいことと、びっくりするくらい大変なことや悲しいことが同時に起こると、感情のスペースがキャパオーバーになり、溢れ出た気持ちたちがときには怒りだったり涙だったりになって外に溢れ出るのかもしれない。

それだけ私にとっては、妊娠や出産は、心の動く時間であり出来事だった。

そしてそれって、それだけ真剣に向き合って生きていたということではないか。

わたしにとって「向き合う」ときとは、

番組収録で発言できそうな瞬間があったのに勇気がでず、ただヘラヘラ笑って終わったり、

断食中にファストフードを食べてしまったり、

自分を実力以上に大きく見せようとしたり、

そういう、自分の弱さに出くわす多くのときだ。

そんなとき、一つだけちゃんとやってきたのは自分で自分をごまかさないことだ。自分で自分に突っ込んでやるのだ。そうするとだんだんと可笑しくなってくる。自分を面白く思えてきて、最終的に愛おしくなるのだ。そうやって自分なりに試しながら生きてはいるが、やはりそれができるのは本書で登場していただいた人たちのおかげなのだ。

もう一度言わせてください。

わたしは本当に周りの人に恵まれている。

大切な人を失ったとき、誰かと深く付き合うのが怖くなった。
自分を守るために人との深い繋がりを避けたくなった。
自分が傷つきたくないから、心から誰かを愛することを躊躇(ちゅうちょ)しかけた。
けれど結果としてそれはしなかった。
というか出来なかった。
それをしてしまうと大切な人とのたまらなく愛おしい思い出も否定してしまうような

気がした。

だから声を大にして言いたい。

わたしは心底、人が好きだ。

好きな人のことをもっと好きになりたいし、自分のこともっと好きになりたい。そうやってこれからも、大切な人に教えてもらった愛をもって深く繋がることを恐れずわたしは生きていきたい。

けれどけれど、やっぱりわたしは人が好きだ。

好きな人には想いをもって行動したい。

二〇二三年八月

イモトアヤコ